SIEGFRIED BREYER / GERHARD KOOP

SCHLACHTSCHIFF BISMARCK

Dieses Bild zeigt die "Geburtsstunde" der BISMARCK: Am 1. Juli 1936 wurden auf Helgen 9 der Werft von Blohm & Voß in Hamburg die ersten Kielplatten verlegt.

Das Schlachtschiff BISMARCK auf seiner letzten Fahrt, hier noch in heimischen Gewässern. Die Aufnahme entstand von dem Kreuzer PRINZ EUGEN aus.

SIEGFRIED BREYER / GERHARD KOOP

SCHLACHTSCHIFF BISMARCK

EINE TECHNIKGESCHICHTLICHE DOKUMENTATION

Bechtermünz Verlag

BILDQUELLEN:

Fotos: Bundesarchiv (60); Hauptamt Kriegsschiffbau (2); Sammlung Breyer (69); Sammlung Hadeler (2); Sammlung Kludas (1); Sammlung Koop (31); Schäfer-Kiel (3).
Zeichnungen: Bundesarchiv/Militärarchiv (1); Hauptamt Kriegsschiffbau (6); Breyer (7); Koop (1); Mrva (10); Marinewaffenamt (1).
Karten: Fechter.

Die Farbbilder auf den Seiten 66 und 67 stammen von Horst Helmus und zeigen Momente des Gefechts am 24. Mai 1941 in der Dänemarkstraße.

Genehmigte Lizenzausgabe für
Bechtermünz Verlag im
Weltbild Verlag GmbH, Augsburg 1996

Einbandmotiv: AKG-Berlin, Schlachtschiff Bismarck 1940 (Titel),
Süddeutscher Verlag – München, 2. Weltkrieg-Seekrieg (Rückseite)
Einbandgestaltung: Adolf Bachmann, Reischach
Gesamtherstellung: New Interlitho S.P.A.
Printed in Italy
ISBN 3-86047-243-7

QUELLENNACHWEIS (AUSZUG) zum Hauptteil:

Bensel: Die deutsche Flottenpolitik von 1933 – 1939, Berlin 1958
Brennecke: Schlachtschiff BISMARCK, Herford 1960
Breyer: Schlachtschiffe und Schlachtkreuzer 1905 – 1970, München 1970
Breyer/Koop: Von der EMDEN zur TIRPITZ, Band 1 + 2, Koblenz 1981
Busch: Das Geheimnis der BISMARCK, Hannover 1950
Dülffer: Weimar, Hitler und die Marine, Düsseldorf 1972
Elfrath/Herzog: Schlachtschiff BISMARCK, Friedberg/Dorheim 1975
Evers: Kriegsschiffbau, Berlin 1943
Grenfell: Jagd auf die BISMARCK, Tübingen 1953
Gröner: Die deutschen Kriegsschiffe 1815–1945, Band 1, München 1982
Hadeler: Kriegsschiffbau, Darmstadt 1968, Band 1 + 2
Hildebrand/Röhr/Steinmetz: Die deutschen Kriegsschiffe, Band 1, Herford 1979
v. Müllenheim-Rechberg: Schlachtschiff BISMARCK 1940/41, Berlin 1980
Schmalenbach: Die Geschichte der deutschen Schiffsartillerie, Herford 1968
Raeder: Mein Leben, Band 2, Darmstadt 1968

Benutzte Quellen zum Anhang:

Northcott; HOOD, Design and Construction (Reihe "Ensign Special"), London 1975
Raven, Roberts: British Battleships of World War Two, London 1976
Roberts: The Battlecruiser HOOD (Reihe "Anatomy of the Ship"), London 1982
Robertson: HMS HOOD, Battlecruiser 1916–1941 (Reihe "Warship in Profile"), London 1973
Parkes: British Battleship, London 1958
Gröner: Die deutschen Kriegsschiffe 1815–1945, Band 1, München 1982
von Müllenheim-Rechberg: Schlachtschiff BISMARCK, Berlin–Frankfurt/M. 1987
Garzke, Dulin: Battleships – Axis and Neutral Battleships in World War II, Annapolis 1985

INHALT

5. Mai 1941 auf Gotenhafen-Reede mit der auf dem Achterschiff divisionsweise angetretenen Besatzung. Das Bild ist von dem Flottentender HELA aus geschossen worden, auf dem Hitler nach seinem Besuch auf der BISMARCK nach Gotenhafen zurückkehrte.

EIN WORT ZUVOR

Im Mai 1991 waren genau 50 Jahre seit dem dramatischen Geschehen um das Schlachtschiff BISMARCK vergangen. Dieses Datum gab den Anlaß für diesen Band, aber nicht, um noch einmal den Ablauf des damaligen Geschehens in allen Stadien und Einzelheiten darzulegen. Über den Kampf und den Untergang dieses Schiffes ist, zuletzt von am meisten kompetenter Seite, nämlich einem Überlebenden auf damals mitverantwortlichem Posten, ausführlichst berichtet worden und es gibt dem nichts mehr hinzuzufügen. Vielmehr sind in den Mittelpunkt dieses Bandes die marinetechnischen Fakten gestellt, sozusagen als ein Beitrag zur Technikgeschichte. Und dies hat seinen berechtigten Grund: So wie die BISMARCK am 24. Mai 1941 bei dem Gefecht mit zwei britischen Schlachtschiffen ihre hervorragende Schlagkraft und überlegenes artilleristisches Können bewies, zeigte sie drei Tage später eine noch weit über die höchsten Erwartungen hinausgehende Standkraft. "Kann 'BISMARCK' mit Granaten nicht versenken" lautete der Funkspruch von Admiral Tovey (der als Chef der Home Fleet den Endkampf gegen sie befehligte), als er wegen Brennstoffmangels den Rückmarsch antreten und das todwunde, aber immer noch schwimmende Wrack seinen Kreuzern überlassen mußte.

Ganz außer Zweifel war die BISMARCK der Höhepunkt des deutschen Kriegsschiffbaus bis 1945, und es ist sicher nicht vermessen, wenn man sie zugleich als den Höhepunkt des weltweiten Großkampfschiffbaus qualifiziert. Sicher, es hat größere und stärkere Großkampfschiffe gegeben, aber keines von ihnen zeigte sich derart zählebig wie dieses deutsche Schlachtschiff. Kein Geschoß vermochte seinen Gürtelpanzer zu durchschlagen und in lebenswichtige Bereiche einzudringen! Als dieses äußerlich zum Wrack geschossene Schiff – das wissen wir von seinen Überlebenden – endlich und noch dazu von eigener Hand sank, waren die Einrichtungen innerhalb der Zitadelle noch weitgehend intakt!

Wenn dieses Schiffes und seiner hervorragenden Besatzung gedacht wird, sollten auch jene nicht vergessen sein, die es entworfen, durchkonstruiert und gebaut haben – das ist mit ein Anliegen dieses Bandes!

Gerhard Koop / Siegfried Breyer

DAS WERDEN DES SCHLACHTSCHIFFES "BISMARCK"

Für das Deutsche Reich der Nachkriegszeit bestand auf Grund des 1919 zu Versailles abgeschlossenen Friedensvertrages ein grundsätzliches Verbot für den Bau von Linienschiffen – als solche wurden damals im deutschen Sprachraum noch die Schlachtschiffe bezeichnet – von mehr als 10.000 t Wasserverdrängung. Damit war die Reichsmarine gezwungen, die ihr im Rahmen der Landesverteidigung obliegenden Aufgaben mit veraltetem und völlig unzureichendem Schiffsmaterial wahrzunehmen. Als wegen der immer größer werdenden Häufigkeit der Mängel die Ersatzfrage keinen weiteren Aufschub mehr duldete, mußten bei allen Widrigkeiten der innenpolitischen Verhältnisse Untersuchungen darüber angestellt werden, was bei den zugestandenen Ersatzbauten an Kampfwerten überhaupt herauszuholen war. Zunächst neigte die Marineleitung zu einem stark bewaffneten und gut geschützten, notwendigerweise aber langsamen Typ, der sich als eine Art "Monitor" oder "Küstenpanzerschiff" verwenden läßt, aber kaum Hochseefähigkeit besitzt. Die Alternative war ein schnellerer, aber weniger stark bewaffneter und nur mäßig geschützter Typ, von dem allerdings vielseitigere Verwendungsmöglichkeiten zu erwarten wären. Nach lange andauernden Diskussionen und Prüfungen fiel die Entscheidung zu Gunsten des kreuzerartigen und hochseefähigeren Typs. Ausschlaggebend waren dabei zwei Hauptgesichtspunkte: Mit der vorgesehenen starken Bewaffnung von sechs 28-cm- und acht 15-cm-Geschützen war dieser Typ allen schnelleren Gegnern seiner Zeit überlegen, und mit seiner Geschwindigkeit von 26 kn vermochte er allen stärkeren Schiffen auszuweichen und sich einer Gefechtsberührung zu entziehen. Auf einen einfachen Nenner gebracht, ließen sich diese Fähigkeiten in der These "Stärker als jedes schnellere und schneller als jedes stärkere Schiff" formulieren. Zwar gab es einige wenige Ausnahmen, wie die drei über 30 kn laufenden und mit 38,1-cm-Geschützen bewaffneten britischen Schlachtkreuzer, aber das zählte wenig, weil deutscherseits zu dieser Zeit nicht mit einer zukünftigen britischen Gegnerschaft gerechnet wurde.
Zu der Entscheidung, den kreuzerartigen Typ zu bauen, gab ein bemerkenswerter Umstand den Ausschlag: In Deutschland war man mittlerweile in der Lage, jetzt auch bei größeren Schiffen, vom herkömmlichen Dampfantrieb abzugehen und statt dessen den Antrieb durch Verbrennungsmotoren nutzbar zu machen, die nach ihrem Schöpfer als "Diesel-Motoren" bezeichnet werden. Mit ihnen wurde es möglich, einen wesentlich höheren Fahrbereich zu erzielen, so daß erstmals an einen ozeanischen Einsatz gedacht werden konnte. Damit nahm eine Entwicklung ihren Lauf, mit der die Siegermächte nicht hatten rechnen können. Das auf fast genau 10.000 ts Standardverdrängung entworfene, 26 kn schnelle und mit 28-cm-Geschützen bewaffnete Panzerschiff "A" – die spätere DEUTSCHLAND – wurde 1929 in Bau gegeben; Anfang der 30er Jahre folgten zwei weitere Aufträge, "B" und "C", aus denen ADMIRAL SCHEER und ADMIRAL GRAF SPEE wurden. Ein viertes Schiff ("D") war im Rahmen des Schiffbauprogrammes von 1931 bis 1934 vorgesehen; der noch in der Ära der Weimarer Republik, wenige Wochen vor Hitlers Regierungsantritt verabschiedete "Umbauplan der Reichsmarine" sah insgesamt sechs Panzerschiffe vor (was mit den Vertragspflichten von Versailles im Einklang stand). In Anbetracht der durch die Machtübernahme der aus Nationalsozialisten und Deutschnationalen gebildeten Koalition veränderten innenpolitischen Verhältnisse hoffte die Marine, den Panzerschiffbau wie überhaupt die Marinerüstung forcieren zu können, ohne daß dies als ein offenkundiger Verstoß gegen Versailles hätte ausgelegt werden können.
Der 1932 als Reaktion auf die deutsche Panzerschiff-Entwicklung einsetzende Bau der französischen DUNKERQUE-Klasse – Schlachtschiffe von 26.500 ts Standardverdrängung und 31 kn Geschwindigkeit mit acht 33-cm-Geschützen als Hauptbewaffnung – machte indessen die von vornherein abzusehende begrenzte Gültigkeitdauer des Panzerschiffkonzeptes ("Stärker als jedes schnellere und schneller als jedes stärkere Schiff") deutlich. Dadurch reifte der Entschluß heran, mit den nächsten Panzerschiffneubauten die sich ankündigenden qualitativen Defizite wenigstens in bezug auf die Standfestigkeit und nach Möglichkeit auch bei der Geschwindigkeit abzubauen.
Nachdem für das Haushaltsjahr 1934 das Panzerschiff "D" bewilligt worden war und Hitler anläßlich einer im Dezember 1933 erfolgenden Zusammenkunft mit dem Chef der Marineleitung, Admiral Raeder, seine Zustimmung auch zu dem fünften Panzerschiff ("E") gegeben hatte, begann die Konstruktionsabteilung der Marineleitung mit ihren Arbeiten. Zwar hatte sich Raeder bei dieser Besprechung für eine beträchtliche Anhebung des Gesamtkampfwertes bei diesen Neubauten gegenüber der DEUTSCHLAND eingesetzt, doch vermochte er sich nicht voll durchzusetzen. Hitler billigte zwar die von Raeder vorgeschlagenen rein defensiven Verstärkungen (und damit ein Heraufgehen in der Verdrängung auf etwa 19.000 t), aber die Vermehrung um einen dritten 28-cm-Drillingsturm lehnte er ab. Zu einer solchen glaubte er sich aus außenpolitischen Rücksichtnahmen noch nicht entschließen zu können; dabei mag der ihn von Anfang an bewegende Gedanke an einen zukünftigen Flottenausgleich mit Großbritannien eine wesentliche Rolle gespielt haben. Solange der angestrebte Vertrag nicht unter Dach und Fach gebracht war, wollte – so scheint es aus heutiger Sicht – Hitler alles vermeiden, was seine Pläne zunichte machen könnte.
Erst als es am 27. Juni 1934 zu einem neuen Gespräch kam, gab Hitler den Vorstellungen Raeders nach und stellte ihm frei, den erwünschten dritten Turm einzubauen. Eine Kalibersteigerung lehnte er jedoch noch immer ab. Mit dieser Entscheidung wurden jedoch die bisherigen Baupläne der gerade kurz nach Jahresbeginn auf Kiel gelegten Panzerschiffe "D" und "E" hinfällig. Sie konnten nicht einfach zur Aufnahme eines dritten Turmes verlängert, son-

Die Hauptartillerie der DUNKERQUE: Acht 33 cm-Geschütze in zwei Vierlingstürmen.

Das französische Schlachtschiff DUNKERQUE galt zum Zeitpunkt des Planungsbeginns für das Schlachtschiff "F" als zukünftiger Gegner. An ihm und seiner Artillerie orientierte sich zunächst der deutsche Entwurf.

dern mußten gänzlich neu konstruiert werden. Das bedeutete den Abbruch des noch in frühem Baustadium befindlichen Materials und damit beträchtliche Bauverzögerungen. So standen sie statt Ende 1937 erst Mitte 1938 bzw. Anfang 1939 zur Verfügung und nahmen als GNEISENAU und SCHARNHORST ihren Dienst auf.
Anfang 1934 begann man zu überlegen, wie das sechste große Schiff ("F") auszusehen habe. Gegenüber seinen artilleristisch schwachen Vorgängern sollte es das erste "wirkliche" Schlachtschiff werden; dabei herrschte von Anfang an darüber Klarheit, daß die mit dem Washingtoner Flottenabkommen von 1922 gesetzte Höchstgrenze von 35.000 ts Standardverdrängung voll auszunutzen ist. In der Kaliberfrage gab man sich moderat: Eine Inanspruchnahme des höchstzulässigen 40,6-cm-Kalibers wurde nicht für erforderlich gehalten, statt dessen war – zunächst – an 33-cm-Geschütze gedacht. Diese Haltung hatte ihre Gründe in den Verhältnissen ihrer Zeit:

– Das 33-cm-Kaliber trug der damals herrschenden macht- und militärpolitischen Lageeinschätzung in Europa Rechnung, die von einer zukünftigen Gegnerschaft allein zu Frankreich ausging und bei der in maritimer Hinsicht der bevorstehende Zulauf der mit 33-cm-Geschützen bewaffneten französischen Schlachtschiffe der DUNKERQUE-Klasse – deren Bau sich, wie bereits dargelegt, gegen die deutschen Panzerschiffe richtete – eine ausschlaggebende Rolle spielte. Die nur mit 28-cm-Geschützen armierten Schlachtschiffe der SCHARNHORST-Klasse waren ihnen gegenüber artilleristisch im Nachteil, eine Gefechtsbegegnung hätte für sie ein hohes Risiko bedeutet. Deshalb mußte es jetzt darauf ankommen, mit dem Schlachtschiff "F" kalibermäßig gleichzuziehen. Dieser Schritt bedeutete aber auch nur Parität, nicht Überlegenheit.
– Großbritannien galt nicht als zukünftiger Kriegsgegner. In Europa gab es zu dieser Zeit nur zwei – es waren britische – Schlachtschiffe mit 40,6-cm-Geschützen. Die Bestückung deutscher Schlachtschiffe mit diesem Kaliber hätte aber verständlicherweise in Großbritannien – und nicht nur dort – allzuleicht als Provokation empfunden werden können. Gerade einem solchen Eindruck galt es entgegenzuwirken, nicht zuletzt deshalb, um das in greifbare Nähe gerückte Flottenabkommen mit Großbritannien nicht zu gefährden.
Bei der im Frühjahr beginnenden Diskussion um das Schlachtschiff "F" wurde von folgenden militärischen Grundforderungen und Wünschen ausgegangen:

Standardverdrängung:	35.000 ts
Schwere Artillerie (SA):	8 33 cm
Mittelartillerie (MA):	12 15 cm
Schwere Flak:	16 10,5 cm
Panzerung:	
Seitenpanzerung im Zitadellbereich:	350 mm
Seitenpanzerung von Vor- und Achterschiff:	150 mm
Oberdeck:	50 mm
Panzerdeck	100 mm
Panzerdeck-Böschungen	120 mm
Barbetten der schweren Türme:	350 mm
Barbetten der 15-cm-Türme:	150 mm
Kommandostand:	400 mm
Torpedoschotte:	60 mm
Splitterlängsschotte:	60 mm

Im Herbst 1934, nach einem ersten Durchrechnen der einzelnen Kampfwertkomponenten, mußte man jedoch erkennen, daß die gewünschten Panzerdicken nicht einzuhalten sind ohne das vorgegebene Verdrängungslimit zu überschreiten. Unter diesen Umständen mußten Abstriche bei der Panzerung erfolgen: Für den schweren Seitenpanzer wurde eine Dicke von 320 mm zugrundegelegt, für den Seitenschutz des Vorschiffes nur noch 70 mm und für den des Achterschiffes 90 mm. Diese Maßnahme sollte dazu beitragen, das Verdrängungslimit einhalten zu können.
Bei einer zum 2. November 1934 einberufenen Planungskonferenz ging es um die Festlegung der Geschwindigkeit. Gefordert wurde dabei eine deutliche Überlegenheit gegenüber der 31 kn laufenden französischen DUNKERQUE. Als wünschenswert vorgebracht wurden 33 kn Höchst-, 30 kn Dauerhöchst- und 21 kn Marschgeschwindigkeit. Aber auch hier mußte reduziert werden, um die Verdrängungsgrenze einhalten zu können. Von einer Überlegenheit der DUNKERQUE gegenüber war keine Rede mehr, als neue adäquate Werte wurden 29/27/21 kn festgelegt. Damit aber kam das Schlachtschiff "F" immer noch auf mehr als 35.000 ts, nämlich auf 37.200 ts. Es wurde daher eine Überprüfung der Berechnungen angeregt.
Das Resultat führte zu der Entscheidung Admiral Raeders vom 21. Dezember 1934; diese beinhaltete im wesentlichen drei Punkte: Erstens die Freigabe zur Deplacementsüberschreitung über die vertraglich festgelegten 35.000 ts hinaus, um zu einer höheren Schlagkraft zu kommen, zweitens die Weisung, die Möglichkeiten des turboelektrischen Antriebs zu untersuchen, und drittens die Weisung, zwei getrennte Studienentwürfe zu erarbeiten, von denen der erste von einem Schiff mit turboelektrischem Antrieb und vier 33-cm-Zwillingstürmen auszugehen habe, während für den zweiten eine herkömmliche Getriebeturbinenanlage und acht 35-cm-Geschütze in Zwillingstürmen zugrundezulegen ist.
Die ersten Planungsvorgänge machten deutlich, daß der Übergang vom 33-cm- zum 35-cm-Kaliber zu einem Mehrgewicht von etwa 1.600 t führen würde. Dem hielt das Marinekommandoamt (A IV) entgegen, " (daß zwar) die Leistung des 35-cm-Geschützes größer (ist), jedoch die Durchschlagsleistung des 33-cm-Geschosses ausreicht, um als Panzersprenggranate auf die in Betracht kommenden Gefechtsentfernungen durchschlagende Wirkung zu erzielen. Bei Verwendung als Sprenggranate würde allerdings die Wirkung der 35-cm-Granate erheblich größer sein. Schußweite, Flugzeit, Erhöhungsbedarf, Schwenken und Höhenrichten usw. ist bei beiden Kalibern gleichartig. Die Feuergeschwindigkeit des 35-cm-Kalibers ist etwas geringer, die innere Ballistik des 35-cm-Geschützes wird voraussichtlich schwieriger zu beherrschen sein als beim 33 cm. Bei beiden Kalibern wird eine große Vorkartusche benötigt, es entstehen also drei Ansetzvorgänge. Beim 35-cm-Kaliber muß diese Vorkartusche vielleicht in zwei Hälften geteilt werden. Die Rohrabnutzung wird ebenfalls beim 35-cm-Kaliber etwas stärker sein, so daß sich folgende Lebensdauer ergibt:
33 cm Lebensdauer 220 Schuß,
35 cm Lebensdauer 180 Schuß". [1)]
Mit Raeders Weisung wurden die Weichen für ein Überschreiten der zulässigen Tonnagegrenze gestellt; nicht also immer neue nachträgliche Einbauten und Forderungen haben – wie im Nachkriegsschrifttum oftmals dargestellt – dazu geführt, daß die Standardverdrängung um

[1)] Marineausbildungsabteilung B.Nr.A IVa 206/35 G.Kdos. (BA/MA RM 20/994).

mehr als 6.000 ts bzw. 11 v.H. höher ausfiel, sondern eben diese Weichenstellung. Zu Recht wurde davon ausgegangen, daß es nicht möglich sein würde, alle militärischen Forderungen in dem vorgegebenen Rahmen zu erfüllen.
Damit war nicht nur ein höheres Geschützkaliber in die Diskussion eingebracht worden, sondern auch eine für vielversprechend gehaltene Neuerung in der Antriebstechnik. Bei der auf turboelektrischen Antrieb mit zusammen etwa 110.000 WPS Leistung zugeschnittenen Planung waren die einzelnen Kraftwerke in drei Abteilungen untergebracht, wobei die Kessel seitlich und die Turbogeneratoren in der Mitte vorgesehen waren. Letztere sollten ihre Energie an drei Elektromotoren liefern, von denen ein jeder einen der drei Propeller anzutreiben hatte. Die Vorteile dieses Antriebszweigs schienen überzeugend: Eine wesentlich einfachere Bauart der Turbinen, ein schnelleres Umschalten auf andere Fahrtstufen und Drehrichtungen sowie kürzere Propellerwellen. In Bezug auf diesen Antrieb wurde empfohlen, daß die "Propellermotoren hinter den beiden achteren Türmen unterzubringen (sind). Durch das entsprechende Nachvornrücken dieser Türme wird der Decksraum für die Aufstellung von Flaks und Flugzeugen empfindlich eingeengt. Falls die Flugzeuge daher nicht mehr auf dem Mitteldeck untergebracht werden können, müßten sie, wie dies auch in anderen Marinen üblich ist, auf den überhöhten Türmen vorn und achtern Aufstellung finden."[2)]
Im Januar 1935 entschied Admiral Raeder definitiv, daß dem Entwurf mit 35-cm-Geschützen der Vorzug zu geben ist.
Bei der 35-cm-Bewaffnung wurde mit den folgenden Werten gerechnet:

Geschoßanfangsgeschwindigkeit (V_O)	m/sek	875
Geschoßgewicht	kg	625
Feuergeschwindigkeit je Rohr	Schuß/min	2,3
Gewicht einer Breitseite	kg	11.490
Feuergeschwindigkeit der Batterie	Schuß/min	18,4
Gewicht der Sprengladung:		
Panzersprenggranate	kg	232
Sprenggranate mit Kopfzünder	kg	804
Sprenggranate mit Bodenzünder	kg	576

Als Durchschlagsleistung wurde bei einem Auftreffwinkel von jeweils 70° errechnet:

Entfernung in hm:	100	150	200	250	300
Panzerdicke in mm:	490	418	354	297	254

Demnach hätte der damals auf 225 mm Dicke geschätzte Seitenpanzer der DUNKERQUE auf eine Entfernung von 350 hm, ein 350 mm dicker Seitenpanzer auf 202 hm durchschlagen werden können.
Zu diesem Zeitpunkt war aber auch bereits das 38-cm-Kaliber im Gespräch. In einer Niederschrift des Marinekommandoamtes, Abt. A IV, vom 4. April 1935 heißt es [3)]: "Falls die außenpolitische Lage in der nächsten Zeit eine Änderung des Kalibers auf 38 cm erforderlich erscheinen läßt, tritt für die Fertigstellung des Schiffes eine gewisse Verzögerung ein, die bei Entscheidung vom 1. 12. 1935 etwa ein halbes Jahr betragen dürfte".
Die Bemessung der Panzerdicken verursachte einige Probleme. Welche Opfer an Panzer einzeln zu erbringen waren, geht aus der Zahlentafel 1 hervor, bei der zu den einzelnen Bewaffnungsvarianten – entweder acht 33 cm oder acht 38 cm – die geforderten und die zur Beschränkung der Schiffsgröße reduzierten Panzerdicken gegenübergestellt sind.

[2)] Marinekommandoamt/Ausbildungsabteilung (A IV) B.Nr.A IVa 206/25 G.Kdos. (BA/MA RM 20/994).
[3)] BNr. A IVa 1330/35 G.Kdos. (BA/MA RM 20/1622).

Zahlentafel 1: Alternative Panzerdicken und Typwerte bei unterschiedlicher Hauptbewaffnung [*)]

		Schwere Artillerie		Schwere Artillerie	
		8 – 35 cm	8 – 35 cm	8 – 38 cm	8 – 38 cm
		Panzerung		Panzerung	
		Gefordert	Reduziert	Gefordert	Reduziert
Panzerung					
Seitenpanzer Zitadellbereich	mm	320	290	320	260
Seitenpanzer Vorschiff	mm	70	70	70	70
Seitenpanzer Achterschiff	mm	90	80	90	80
Schwere Türme / Barbetten	mm	320	290	320	255
Mittelartillerie / Türme	mm	150	125	150	125
Kommandostand	mm	350	350	350	350
Torpedoschott	mm	45	45	45	45
Längsschott auf Panzerdeck	mm	40	40	40	35
Panzerdecksböschung	mm	120	95	120	95
Panzerdeck zwischen Längsschotten	mm	100	60	100	60
Panzerdeck über Munitionskammern	mm	100	90	100	90
Panzerdeck über Rudermaschinenraum	mm	100	85	100	85
Oberdeck	mm	50	45	50	45
Außenhaut oberhalb Gürtelpanzer	mm	35	30	35	30
Größe					
Typverdrängung	ts	41.000	39.000	43.000	39.800
Konstruktionstiefgang	m	9,25	8,80	9,40	8,80
Länge auf KWL	m	243	243	250	250
Breite	m	36	36	36	36
Geschwindigkeit	kn	27 – 28	28	27 – 28	28

[*)] Anlage zu B.Nr.A IVa 1330/35 G.Kdos. (BA/MA RM 20/1622).

In Bezug auf die erwogene Verringerung der Panzerdicken wurde festgestellt: "Die Verringerung der Stärke von Gürtelpanzer und Panzerdeck würde dabei folgende Verschlechterung der Standfestigkeit ergeben:

1. Der Gesamtwasserlinienschutz (also Gürtel und Böschung des Panzerdecks ist bei den geforderten Stärken durch die 33 cm der DUNKERQUE gefährdet bis 115 hm, bei den verminderten Stärken bis 175 hm.

2. Das horizontale Panzerdeck ist gegen Treffer, die vorher keinen starken Panzer durchschlagen haben, bei der vorgesehenen Stärke erst bei etwa 200 hm gefährdet, bei der verringerten Stärke schon wesentlich früher, etwa von 150 hm ab." [4])

Wie auch immer verfahren wurde: Eine Beschränkung auf 35.000 ts ließ sich in keinem Fall erreichen. Die gewichtsmäßig unterste Lösung kam auf etwa 39.000 ts, und sie wäre noch dazu keine vollkommene gewesen. Ein solches Schiff aber – würde seine wahre Größe an die Öffentlichkeit gelangen – hätte unerwünschte außenpolitische Reaktionen auslösen können. Deshalb befahl Admiral Raeder, daß das Schlachtschiff "F" ausdrücklich nur als "35.000-ts-Schiff" zu bezeichnen ist, auch wenn seine Verdrängung höher ist. Offensichtlich wurden solche Größenüberschreitungen für nicht nachprüfbar gehalten, solange nur die strikte Geheimhaltung gewährt blieb.

Entscheidend kam es andererseits aber darauf an, die Größe des Schlachtschiffes "F" in jenen Grenzen zu halten, welche durch die infrastrukturellen Gegebenheiten vorgegeben waren; es handelte sich dabei im Wesentlichen um die heimischen Dockmöglichkeiten und Schleusenanlagen. Unter anderem kam es dabei auf die Anlagen in den Hauptliegehäfen Wilhelmshaven und Kiel an. So waren beide Schleusenkammern der in Wilhelmshaven bestehenden Dritten Einfahrt (die Vierte Einfahrt befand sich zu dieser Zeit erst im Anfangsstadium ihrer Projektierung) zwar für Schiffe bis zu 250 m Länge zugelassen, aber nur die Nordkammer durfte von Schiffen bis zu 39 m Breite benutzt werden (die Südkammer blieb Schiffen von nur bis zu 33 m vorbehalten); benutzt werden konnten sie von den größten Schiffen auch nur bei Hochstau, also dem höchstmöglichen Wasserstand. Ein für das Schlachtschiff "F" ausreichendes Trockendock gab es in Wilhelmshaven nicht; dort stand als größtes nur ein 40.000-t-Schwimmdock zur Verfügung, aber dieses konnte von Schiffen wie "F" auch nur in total geleichtertem Zustand genutzt werden. Andernorts gab es nicht viele Dockmöglichkeiten: Es waren dies das große Lloyd-Trockendock ("Kaiserdock") in Bremerhaven, die Schwimmdocks V/VI von Blohm & Voß in Hamburg und das auf 60.000 t Tragfähigkeit gebrachte Schwimmdock der Deutschen Werke in Kiel. Noch wichtiger waren die Fahrwassertiefen im Nordostseekanal. Diese zwangen dazu, den maximalen Tiefgang auf 10 m zu begrenzen, denn die Fahrwassertiefen betrugen durchweg nur 11 m. Die Schleusen in Brunsbüttel und Holtenau warfen indessen keine Probleme auf, sie waren mit 350 m Länge und 45 m Breite groß genug.

Im März 1935 kam es zwischen Hitler und Raeder zu einer weiteren Unterredung, wobei es in erster Linie um Kaliberfragen ging. Zu diesem Zeitpunkt hatte Hitler nicht nur keine Bedenken mehr gegen ein höheres Kaliber – 30,5, 33, 35 oder gar 38 cm –, sondern er befahl jetzt ausdrücklich, die Möglichkeiten einer schwereren als der bisher vorgesehenen Bewaffnung der erneut zur Kiellegung heranstehenden Panzerschiffe "D" und "E" (der Begriff "Schlachtschiff" setzte sich erst nach dem Zustandekommen des deutsch-britischen Flottenvertrages vom 18. Juni 1935 durch) zu prüfen. Zurückzuführen war das wohl in erster Linie auf die Festigung seiner Machtstellung durch erste innen- und außenpolitische Erfolge.

Hinzu kam aber noch ein anderer Umstand: Noch bevor mit dem 31. Dezember 1936 die den Neubau von Schlachtschiffen untersagenden Klauseln der internationalen Seerüstungsabkommen erloschen, waren bei allen großen Seemächten die Entwurfsarbeiten für Schlachtschiff-Neubauten längst in Gang gekommen. Dabei zeigte sich, daß der von Großbritannien ausgehende Konventionalentwurf keinen Zuspruch fand; dieser schlug eine internationale Begrenzung auf 25.000 ts Wasserverdrängung und 30,5 cm als Höchstkaliber vor. Vielmehr wurde deutlich, daß jede der betreffenden Nationen gewillt war, die qualitativen Bestimmungen in bezug auf die Wasserverdrängung voll auszunutzen, während sich bei der Kaliberbemessung ein Vorgehen abzeichnete, bei dem Großbritannien sich für 35,6 cm, Frankreich und Italien für 38,1 cm und die USA sich für 40,6 cm entschieden (von den in der Sowjetunion und in Japan begonnenen Schiffen blieb das Hauptkaliber zunächst unbekannt, weil sie darüber nichts verlauten ließen). Damit begann im weiteren Planungsablauf das 38-cm-Geschütz eine Rolle zu spielen. Die darauf abgestimmten Alternativentwürfe erbrachten bei unveränderter Breite von 36 m eine Länge von 250 m und bewirkten bei unterschiedlichen Panzerdicken eine unterschiedliche Standardverdrängung:

Standardverdrängung		43.000 ts	39.800 ts
Seitenpanzer	mm	320	260
Vorschiff	mm	70	70
Achterschiff	mm	90	80
Barbetten 38 cm-Türme	mm	320	255
Barbetten 15 cm-Türme	mm	150	125
Kommandostand	mm	350	350
Torpedoschotte	mm	45	45
Splitterlängsschotte	mm	40	35
Panzerdeck	mm	100	60
Panzerdeck-Böschungen	mm	120	95
Panzerdeck über Munitionskammern	mm	100	90
Panzerdeck über Rudermaschine	mm	100	85
Oberdeck	mm	50	45
Tiefgang	m	9,40	8,80

Schom am 9. Mai 1935 fiel die Entscheidung Raeders für das 38-cm-Geschütz. In der Zwischenzeit hatte die Konstruktionsabteilung alternativ die in Betracht kommenden Antriebsmöglichkeiten zu untersuchen. Es waren dies

1. der Hochdruck-Heißdampfantrieb in verschiedenen Arrangements:
   a) mit 12 Kesseln in 6 Kesselräumen vor den Turbinenräumen,
   b) wie a), jedoch mit den 12 Kesseln in 3 Kesselräumen, ebenfalls vor den Turbinenräumen,
   c) wie b), jedoch mit einem Kesselraum zwischen den Turbinenräumen und
2. der turboelektrische Antrieb.

---

4) Ebd.

Von der Konstruktionsabteilung wurde die Lösung 1b) als die günstigste bewertet. Gegen die Lösung 2 sprachen nicht nur das höhere Gewicht (das Mehrgewicht gegenüber dem Getriebeturbinenantrieb wurde mit 1.300 t zugrundegelegt), sondern auch ein anderer, als schwerwiegend empfundener Nachteil: Weil bei der über Kabel laufenden Energieübertragung von den Generatoren zu den Propellerantriebsmotoren mit Störanfälligkeit gerechnet werden mußte, kamen gegen diese Antriebsart erhebliche Bedenken auf, zumal dieses Problem nach dem damaligen Stand der Elektrotechnik nicht lösbar war. Diese Bedenken wogen umso schwerer, als es um einen Schiffstyp ging, der den Schlagabtausch mit ebenso starken Gegnern zu suchen hatte und überstehen sollte. Bei einer herkömmlichen Getriebe-Dampfturbinenanlage war die Störanfälligkeit geringer, und sie hatte darüber hinaus noch den Vorteil eines geringeren Raumbedarfs und eines um 20 v. H. geringeren Gewichts.
In der Folgezeit wurden dreizehn verschiedene Entwurfsvarianten ("A-1" bis "A-13") durchgearbeitet. Diese orientierten sich an den folgenden Grundforderungen, auf die man sich mittlerweile geeinigt hatte:

Schwere Artillerie:	38 cm-Geschütze in Zwillingstürmen
Mittelartillerie:	15 cm-Geschütze
Schwere Flak:	10,5 cm-Geschütze
Leichte Flak:	3,7 cm-Geschütze
Panzerung und Schutzeinrichtungen:	Immunität gegenüber Geschossen bis zu 38 cm Kaliber auf Gefechtsentfernungen von 20.000 bis 30.000 m und bis zu 250 kg schweren Ladungen von Unterwasserwaffen
Geschwindigkeit:	30 kn
Fahrstrecke:	8.000 sm bei 19 kn Marschfahrt und 20 v. H. Gefechtsreserve.

Ein Teil dieser Entwürfe sah turboelektrischen Antrieb vor, der andere Teil Getriebe-Dampfturbinen. Allen gemeinsam war die Auslegung auf Drei-Wellen-Antrieb. Bei der Unterbringung der Mittelartillerie – zwölf 15 cm-Geschütze – wurden unterschiedliche Möglichkeiten untersucht. Dabei ist auch eine Kasematt-Aufstellung erwogen worden (z. B. Entwurf "A-3"). Der Entwurf "A-2" sah wie bei der SCHARNHORST-Klasse vier Zwillingstürme und vier Einzellafetten mit Schutzschilden vor; endgültig setzte sich dann aber die Anordnung in Zwillingstürmen durch, wobei ebenfalls verschiedene Aufstellungsschemen durchgearbeitet wurden, wie z. B. bei dem Entwurf "A-4", bei dem der jeweils mittlere Turm ein Deck höher vorgesehen war.
Am 16. November 1935 schloß die Konstruktionsabteilung die Entwurfsarbeiten ab. Der endgültige Plan sah ein Schiff vor, das von seinem äußeren Zuschnitt her stark an das Aussehen der SCHARNHORST-Klasse erinnerte. Bemerkenswert war dabei das Fehlen von Flugzeug-Unterstellungsmöglichkeiten. Die Änderung der gesamten Bordflugzeuganlage im Jahr 1938 bewirkte dann eine wesentliche Veränderung der Silhouette.
Für den Bau eines so großen Schiffes kamen seinerzeit nur vier Werften im Reich in Betracht:
1. Kriegsmarinewerft Wilhelmshaven
2. Deutsche Werke Kiel
3. Blohm & Voß, Hamburg und
4. A.G. "Weser" in Bremen

Diese allein verfügten über die dafür erforderlichen Kapazitäten und Helgenanlagen. Die Kriegsmarinewerft Wilhelmshaven und die Deutschen Werke Kiel kamen nicht in Betracht, weil ihre dafür bemessenen Helgen mit den Schlachtschiffen "D" und "E" belegt waren und erst im Herbst 1936 frei wurden (um dann sofort für andere Neubauten in Anspruch genommen zu werden). Damit blieben nur die Großwerften in den beiden Hansestädten übrig. Den Zuschlag erhielt Blohm & Voß in Hamburg. Der diesem Unternehmen am 16. November 1935 erteilte Bauauftrag wurde dort als Baunummer 509 verbucht. Haushaltsrechtlich war das Schlachtschiff "F" als Ersatzbau für das veraltete Linienschiff HANNOVER ausgewiesen. Die Kiellegung folgte am 1. Juli 1936 auf Helgen 9, dem größten von Blohm & Voß. Vom Frühjahr 1938 ab wurde deutlich, daß dieser Termin nicht mehr im Einklang mit den Vorstellungen der Staatsführung stand. Am 25. Mai 1938 kam es in Anwesenheit des Oberbefehlshabers der Kriegsmarine, Generaladmiral Raeder, im Oberkommando der Kriegsmarine zu einer Besprechung aller beteiligter Ressorts, die der Vorbereitung eines von Raeder zu haltenden Vortrages bei Hitler dienen sollte. Hierbei wurde deutlich gemacht, daß "der Führer damit rechnen muß, daß Frankreich und England auf der Gegenseite stehen". [5]
Zu dem – offenbar auf Hitlers Wünsche zurückgehenden – Tagesordnungspunkt "Fertigstellung Schlachtschiff 'F' und 'G' schon im Frühjahr 1940" wurde vom Chef des Amtes Kriegsschiffbau (K) ausgeführt:
"Für beide Schiffe ist der Stapellauf für Mitte März 1939 vorgesehen. Danach benötigen beide Werften (Blohm & Voß und Marinewerft) eineinhalb Jahre für den weiteren Bau. Entscheidend für die Fertigstellung ist bei beiden Schiffen die Ablieferung der Maschinenanlagen. Nach den bisherigen Vereinbarungen sollten die letzten Maschinen im Dezember 1939 abgeliefert werden. Nach Anlieferung der letzten Maschine wird noch ein Jahr zur völligem Fertigstellung des Schiffes benötigt". Weiter hinten heißt es: "Ob.d.M. befiehlt, daß erneut an Blohm & Voß wegen beschleunigter Fertigstellung des Schlachtschiffes "F" herangetreten werden soll, da der Führer anstelle von Fertigstellung zum 1. 12. 1940 jetzt Frühjahr 1940 verlangt hat. Dasselbe soll bezüglich der Marinewerft für Schlachtschiff "G" veranlaßt werden (bisher Fertigstellung 1. 1. 1941 und Indienststellung 1. 4. 1941, jetzt Fertigstellung Frühjahr 1940). K-Chef führt hierzu aus, daß beide Schlachtschiffe schiffbaulich sehr günstig liegen und für den Fertigstellungstermin lediglich die Anlieferung der Maschinen bestimmend ist. Chef M Wa stellt fest, daß die schweren Türme für die Schlachtschiffe entgegen den Möglichkeiten der herstellenden Firmen um vier bis fünf Monate hinausgeschoben sind, da die Werften wegen der späteren Lieferungstermine dieser Schiffe die Türme nicht vorher lagern können. Der erste schwere Turm wird im Dezember 1938 fertig. Wenn die preisgegebenen vier bis fünf Monate wieder aufgeholt werden sollten, läßt sich das nach Ansicht Chef M Wa mit Durcharbeiten in drei Schichten machen. Jedenfalls können die Türme im Rahmen der früheren Fertigstellung "F" und "G" rechtzeitig geliefert werden." [6]
Tatsächlich ist es den Werften unter Aufbietung aller Kräfte gelungen, beide Schiffe vorzeitig fertigzustellen. Das Schlachtschiff BISMARCK konnte rund drei Monate früher in Dienst gestellt werden, als es das auf den Fertigstellungstermin zum 1. Dezember 1940 ausgerichtete Plansoll vorsah.

[5] Flottenabteilung B.Nr.A V s 7127/38 G.Kdos. vom 25. 5. 1938 (BA/MA RM 20/880).

[6] Ebd.

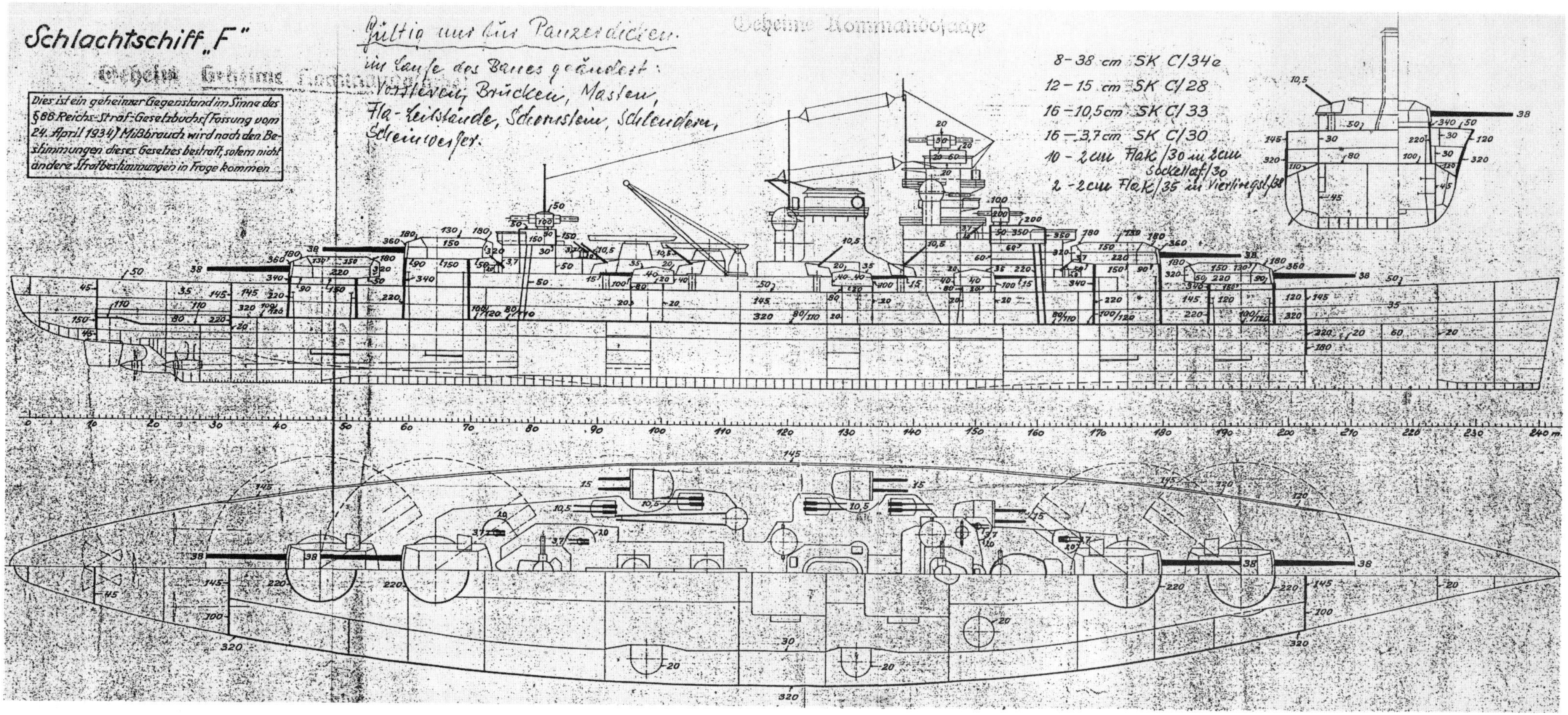

Das Schlachtschiff "F" nach dem Entwurf von 1938.

Das Schlachtschiff "F" nach Entwurfsstand von ca. 1938. Die Brückenaufbauten wurden in der endgültigen Entwurfsfassung modifiziert, auf die Stützbeine des Großmastes ist verzichtet worden. Bemerkenswert war ferner, daß der jeweils vordere Scheinwerfer am Schornstein wie auf den Schlachtschiffen GNEISENAU und SCHARNHORST (dort an anderer Position) auf einem Fahrstuhl in die halbzylindrige Schutzkalotte eingefahren werden sollte. Davon ist man jedoch aus Gewichtsgründen abgegangen, statt dessen erhielten sie abklappbare Schutzkalotten aus besonders leichtem Material.

Seite 16/17
Diese Bilder zeigen das Schlachtschiff "F" in verschiedenen Baustadien im Laufe von eineinhalb Jahren. Die Aufnahme auf Seite 16 links entstand im Oktober 1937, also etwa eineinviertel Jahre nach der Kiellegung. Hier wird schon am Panzerdeck gearbeitet, dessen Steuerbordböschung sich gut erkennbar abhebt. Auf dem Bild daneben – Aufnahmedatum gegen Ende 1937 – wird deutlich, wie weit der Ausbau des Panzerdecks zu diesem Zeitpunkt gekommen war. Von den auf Seite 17 folgenden Bildern zeigt das linke, am 26. Januar 1938 aufgenommen, das schon bis zum Vorschiff fertige Panzerdeck, aus dem bereits die Stützzylinder für die vorderen 15 cm-Türme herausragen. Unmittelbar vor der achteckigen Einbauöffnung des vorderen 38 cm-Turmes ist das vordere Panzerquerschott sichtbar, das sich von Torpedoschott zu Torpedoschott (beide sind ebenfalls erkennbar) erstreckt. Das Bild daneben ist am 1. April 1938 entstanden und zeigt außer den zu dieser Zeit bereits vollzählig eingebauten Stützzylindern der 15 cm-Türme jetzt auch den Stützzylinder für den dritten 38 cm-Turm. Hier wird gerade das Batteriedeck eingezogen. Gut erkennbar ist hier das innere Schutzsystem in der Reihenfolge Außenhaut/Torpedoschott/Splitterlängsschott/Splitterlängsschott/Torpedoschott/Außenhaut.

Diese vom September 1941 datierende Darstellung des "Bureau of Ships" der U.S. Navy basiert auf britischen Auswertungen, die vermutlich bis in das Jahr 1939 zurückgehen und schon auf eine erstaunlich gute und zweifelsfrei auf nachrichtendienstliche Aktivitäten zurückgehende Kenntnisse schließen lassen.

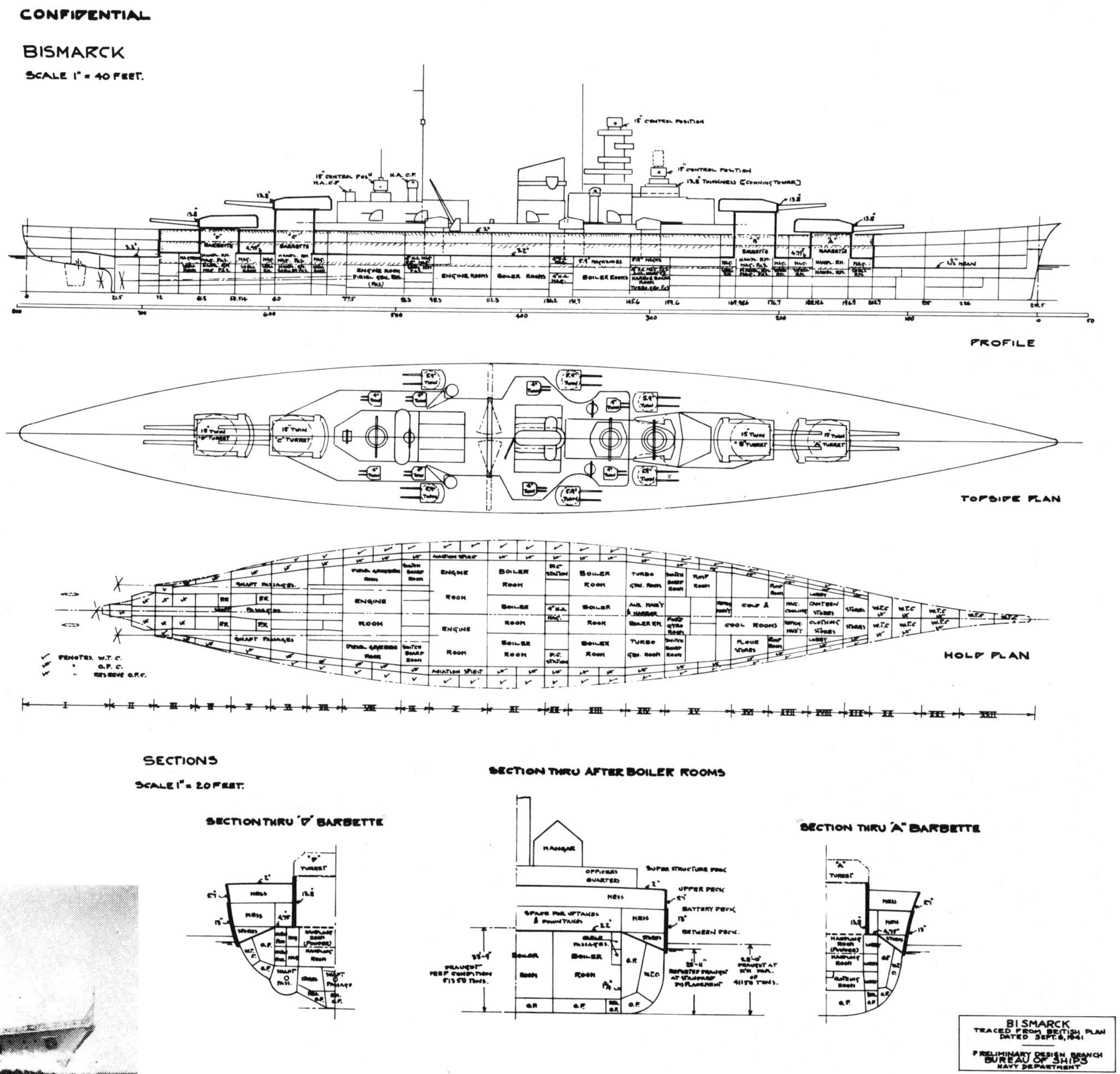

Im Gegensatz zu den Gepflogenheiten der Reichsmarine veröffentlichte die Kriegsmarine keine Typskizzen ihrer Kriegsschiffneubauten. Das führte im Ausland zu spekulativen Darstellungen wie hier im Fall des Schlachtschiffes BISMARCK. Diese Darstellung wurde in dem Ende 1939 erschienenen schwedischen "Marinkalender" 1940 gezeigt.

Oben links: Unmittelbar nach dem Taufakt aufgenommen: Der Schiffskörper beginnt sich in Bewegung zu setzen. Rechts die Taufkanzel.

Links: Der Schiffskörper hat die Helling verlassen und schwimmt auf.

Ganz oben: Von dem gegenüberliegenden Tollerort aus aufgenommen: Während sich das Vorschiff und das Mittelschiff noch auf der Helling befinden, schwimmt das Achterschiff schon auf. Es ist dies wegen der unterschiedlichen Spannungsbeanspruchungen der Schiffskörperkonstruktion die kritischste Phase des Stapellaufes.

Oben: Unmittelbar nach dem gelungenen Stapellauf nehmen Werftschlepper den Schiffskörper an den Haken und verholen ihn an die Ausrüstungspier.

An der Ausrüstungspier unter dem 250 t-Hammerkran festgemacht. Diese Aufnahme ist augenscheinlich unmittelbar nach dem Stapellauf und Verholen in den Bauhafen entstanden, denn am Vorschiff ist noch das an der Steuerbordseite angeschweißte Bremsschild zu sehen.

Oben: Einer der zum Einbau bereitstehenden Unterbauten eines 38 cm-Turmes mit seinen vier Plattformen (von oben nach unten: Geschütz-, Maschinen-, Kartusch- und Granatplattform). Bei dem leicht schräggestellten Baukörper handelt es sich um einen Munitionsförderschacht.

Links und gegenüberliegende Seite links oben: Im September 1939 aufgenommen: Die beiden vorderen und der vierte 38 cm-Turm sind bereits eingebaut, die Brückenaufbauten wachsen heran.

In den ungewöhnlich strengen Wintermonaten des Jahres 1940 kamen die Arbeiten nur mühsam voran. Hier ist die BISMARCK im Februar 1940 im eisbedeckten Bauhafen zu sehen.

Dieser Blick von oben zeigt, wie weit die Arbeiten bis zum Kriegsbeginn vorangekommen waren. Das Bild wurde im September 1939 aufgenommen.

Links: Erst nach dem Abklingen der Frostperiode konnte das zügige Bautempo wieder erreicht werden. Diese im März oder April 1940 zustandegekommene Aufnahme zeigt den nunmehr eingebauten Schornstein.

Unten: Auf der BISMARCK wurde rund um die Uhr in drei Schichten gearbeitet. Nur so gelang es, sie in nur rund 18 Monaten nach dem Stapellauf fertigzustellen; normalerweise hätte es sonst nahezu zwei Jahre gedauert. Auf diesem im Mai oder Juni 1940 entstandenen Bild scheint ein Schichtwechsel festgehalten worden zu sein.

Unten: Juni 1940: Die Aufbauten sind komplett, auch der Großmast ist bereits gesetzt – der Zeitpunkt der Fertigstellung ist nahe.

Die BISMARCK verholt am 23. Juni 1940 in das Schwimmdock. In den folgenden drei Wochen werden die Unterwasserhorchanlage, die MES-Anlage und die drei Schiffspropeller eingebaut. Am 14. Juli 1940 verläßt das Schiff das Dock wieder.

24. August 1940 – der Tag der Indienststellung ist gekommen. Links unten das gerade anlegende Kommandantenboot, rechts der Kommandant auf dem Fallreep und darunter die Meldung des IO an den Kommandanten.

Der Kommandant, Kapitän zur See Ernst Lindemann, schreitet in Begleitung des IO, Fregattenkapitän Hans Oels, und des Adjutanten, Kapitänleutnant Burkard Freiherr von Müllenheim-Rechberg, die Front der angetretenen Besatzung ab . . .

. . . und begibt sich nach achtern, um die Indienststellung zu vollziehen.

Am gleichen Tag läuft das 1938 von der HAPAG in Bau gegebene 41.000 BRT-Fahrgastschiff VATERLAND vom Stapel. Als es zu Wasser ist, drücken es die an diesem Tag heftig wehenden Winde gegen das Heck der BISMARCK (im Hintergrund sichtbar), wobei jedoch nur deren Flaggenstock etwas ramponiert wird.

Nach der Indienststellung bleibt die BISMARCK vorerst an ihrem Liegeplatz, um das Einfahren und die Ausbildung der Besatzung vorzubereiten und Restarbeiten vornehmen zu lassen.

15. September 1940: Drei Wochen nach der Indienststellung verläßt die BISMARCK erstmals ihre Bauwerft. Hier ist sie gerade in das Elbe-Fahrwasser eingedreht. Links im Hintergrund der weithin sichtbare 250 t-Hammerkran von Blohm & Voß, unter dem die Ausrüstung des Schiffes erfolgte.

Querab von Blankenese. Die Besatzung ist divisionsweise an Oberdeck angetreten. Am Ufer haben sich vereinzelt Zuschauer eingefunden, die das mächtige neue Schlachtschiff bestaunen.

DER SCHIFFSKÖRPER

Der in Glattdeck-Quer- und Längsspant-Bauweise konstruierte und aus überwiegend 20 mm dickem Stahlmaterial ("Stahl 52") gebaute Schiffskörper war durch 21 Querschotte – darunter drei gepanzerte – in 22 wasserdichte Abteilungen (die mit römischen Zahlen – mit "I" am Heck beginnend – bezeichnet wurden) unterteilt und hatte einen Doppelboden, dessen Höhe 1,70 m (im Vorschiff nur 1,20 m) betrug. In der Längsausdehnung entsprach der Doppelboden etwa 83 % der in der Konstruktionswasserlinie messenden Schiffslänge (also etwas über 200 m). Das Schiff war bis zu 90 % elektrisch geschweißt und hatte vier Dockkiele sowie an jeder Seite einen ca. 55 m langen Schlingerkiel. Im Schiffsinneren verliefen fünf Decks (hier aufgezählt von unten nach oben):

- Das untere Plattformdeck,
- das mittlere Plattformdeck,
- das obere Plattformdeck
- das Zwischendeck
- und das Batteriedeck = Panzerdeck.

Den oberen Abschluß bildete das Oberdeck, das zugleich Hauptdeck war. Die Seitenhöhe betrug genau 15 m. Jedes Deck hatte eine Höhe von durchschnittlich 2,40 m. Das Oberdeck verlief querschiffs leicht gewölbt, fiel also nach den Außenseiten hin leicht ab; die so gebildete Balkenbucht hatte eine Höhendifferenz von etwa 0,65 m. Vorschiff und Hinterschiff endeten mit einem Deckssprung. In seinem Endpunkt überragte der vordere Deckssprung die Decksebene um 3,10 m, beim hinteren Deckssprung betrug dieses Maß etwas weniger als 2 m. Durch den vorderen Deckssprung sollte das Vorschiff möglichst "trocken" gehalten werden, also kein Wasser übernehmen, um Fahrtverluste zu vermeiden. Der nicht ganz so stark ausgeprägte hintere Deckssprung sollte verhindern, daß bei hohen Fahrtstufen die aufgewühlte See das Achterschiff überflutet und das Steuern erschwert. Die Freibordhöhen maßen – aus der Konstruktionswasserlinie gemessen – am Bug 8,80 m, mittschiffs 5,67 m und am Heck 6,80 m. Seitenfenster (Bulleyes) gab es nur außerhalb des Zitadellbereiches, also im Vorschiff und im Hinterschiff. Diese dienten zur Belüftung und Tageslichterhellung der Wohnräume im Panzerdeck und im Zwischendeck.
Die Flüssigvorräte – Heizöl, Treiböl, Flugzeugtreibstoff, Schmieröl und Wasser – befanden sich in den Bunkern und Zellen zu beiden Seiten des Zitadellbereiches zwischen Torpedoschott und Längsschott. Die zwischen dem Längsschott und der Außenhaut liegenden Räume wurden leer gefahren und dienten als Expansionsbereich bei Unterwasserexplosionen (siehe auch Kapitel "Panzerung").
Die ungewöhnlich große Breite war notwendig, um einen möglichst großen Torpedoschutzgürtel zu erhalten und um den Schiffskörper unterhalb des Panzerdecks durch zwei Längsschotte unterteilen zu können. Hinsichtlich des Fahrtwiderstandes brachte sie keine Nachteile.

BISMARCK hatte ursprünglich eine um 3 m geringere Länge über alles, was durch die Form des Vorstevens bewirkt war (mit dem ursprünglich vorhandenen Bug ist das Schiff noch vom Stapel gelaufen). Auf Grund der in den letzten Vorkriegsmonaten mit dem Schlachtschiff GNEISENAU durchgeführten Atlantikerprobungen wurde noch vor der Indienststellung das Vorschiff geändert. Es erhielt einen größeren, besser wasserabweisenden Spantenausfall und einen "Atlantikbug". Dadurch wuchs die Länge über alles um 2,50 m an. Nahe der Basislinie war der Vorsteven wulstförmig leicht verdickt, um das Endstück der Ausfahrröhre für die Halte- und Führungsstenge des Bugschutzgerätes aufzunehmen.
Zum Steuern dienten zwei parallel angeordnete, jeweils durch Schrägaufhängung um 8° dem Drehkreis des Mittelpropellers entzogene Spatenruder mit einem Flächeninhalt von je 24,2 m².

Abmessungen, Verdrängung und Formwerte

Leerverdrängung	t	41.243
Standardverdrängung	ts	42.958
Konstruktionsverdrängung	t	47.253
Maximalverdrängung	ts	50.585
Maximalverdrängung mit Kriegszuschlägen	ts	52.328
Länge in der Konstruktionswasserlinie	m	241,55
Länge über alles	m	250,50
Breite auf Konstruktionswasserlinie	m	36,00
Seitenhöhe	m	15,00
Tiefgang bei Standardverdrängung	m	8,70
Tiefgang bei Konstruktionsverdrängung	m	9,30
Tiefgang bei Maximalverdrängung	m	9,99
Tiefgang bei Maximalverdrängung mit Kriegszuschlägen	m	10,17
Verhältnis L/B (Länge zu Breite)		6,71
Verhältnis B/T (Breite zu Tiefe)		3,85
Verhältnis L/H (Länge zu Seitenhöhe)		16,10
Völligkeitsgrad der Verdrängung		0,55
Zylinderkoeffizient		0,57
Völligkeit des Hauptspantes		0,97
Völligkeit der Konstruktionswasserlinie		0,66
Metazentrische Höhe bei 46.455 ts Verdrängung in m		4,00

Der Spantenriß

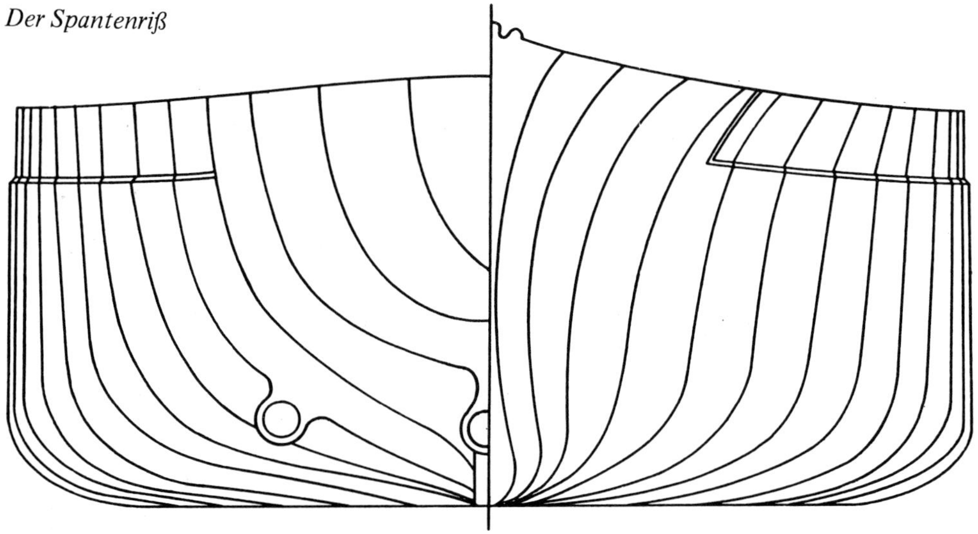

Der Achtersteven mit der Heckankerklüse (A) und der achteren Backbord-Backspier (B), dahinter der Backbord-Schraubenschutz (C).

Die Umgestaltung der Vorschiffsform einschließlich "Atlantikbug" war bis Ende 1939 abgeschlossen. Vorn fehlen nur noch die Stevenklüse und die Lippklampe als oberer Abschluß. Bei einem Vergleich mit Stapellaufaufnahmen wird der jetzt stärkere Spantenausfall deutlich.

Der Vorsteven genau von vorn gesehen. Gut erkennbar sind hier die drei Buganker und die zu beiden Seiten ausgeschwungenen Backspiere.

Das Heck des noch auf der Helling liegenden Schiffskörpers – die "Achillesferse"! Hier sieht man auf das Steuerbordruder und die Steuerbordwelle mit Wellenbock und Wellenhose.

Oben links: Vorsteven und Vorschiff von der Backbordseite aus gesehen. Besonders augenfällig wird hier die Bügelklüse für den Backbordanker.

Oben: Die Vorschiffsspitze. Im Vordergrund die deckseitige Öffnung der Stevenklüse mit dem festgezurrten Ankerstock.

Links: Die beiden Bug-Ankerspills und die Ankerketten.

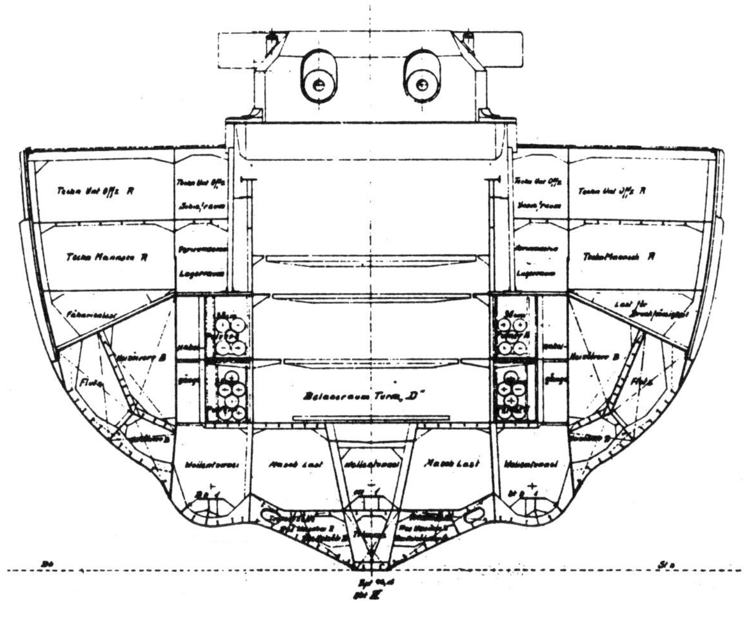

Schnitt durch Abteilung VI mit dem achteren Turm (von achtern gesehen).

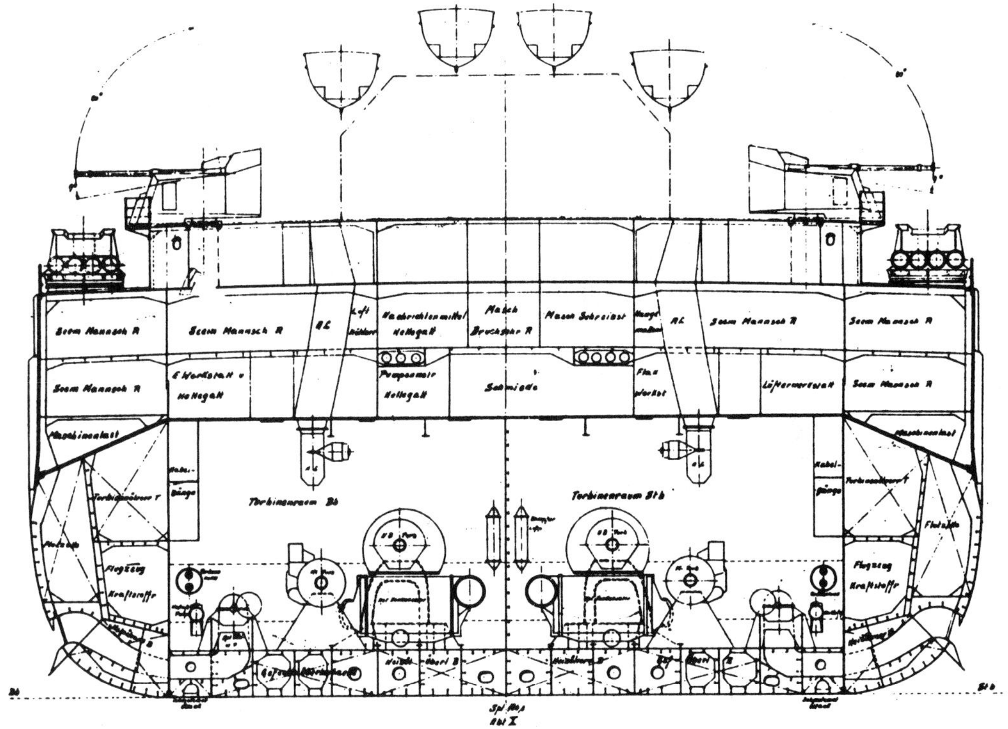

Schnitt durch die Turbinenräume Backbord und Steuerbord (von achtern gesehen).

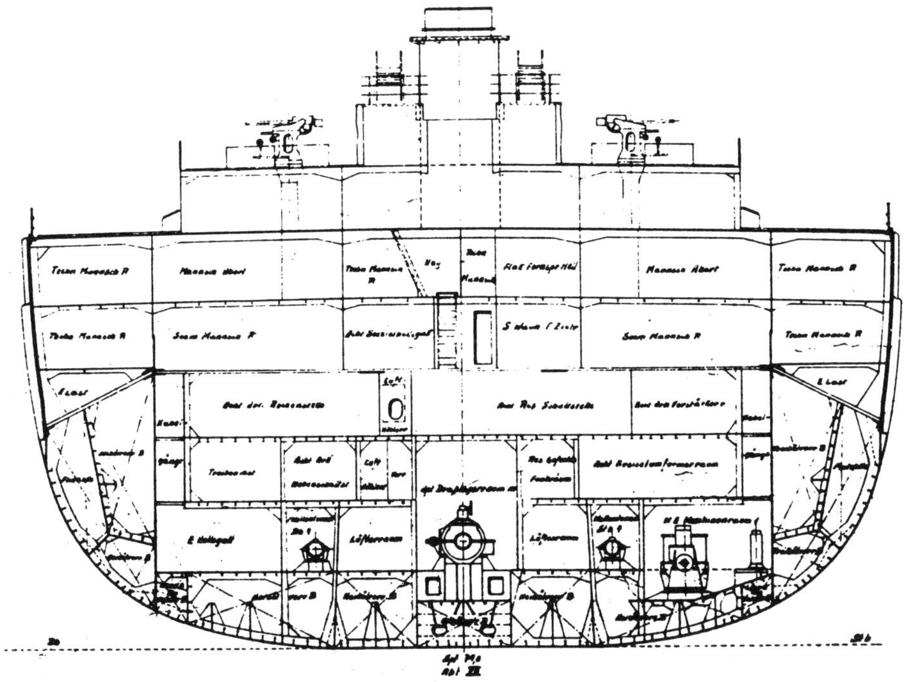

Schnitt durch Abteilung VII (von achtern gesehen).

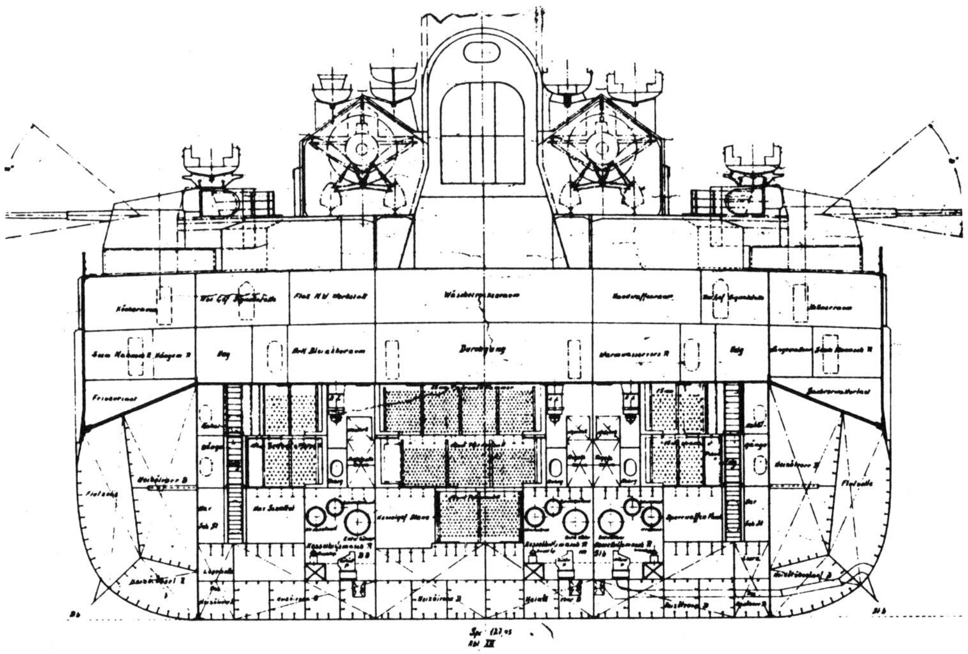

Schnitt durch Abteilung XII mit Schornsteinhals und Bereitschaftshangar (von achtern gesehen).

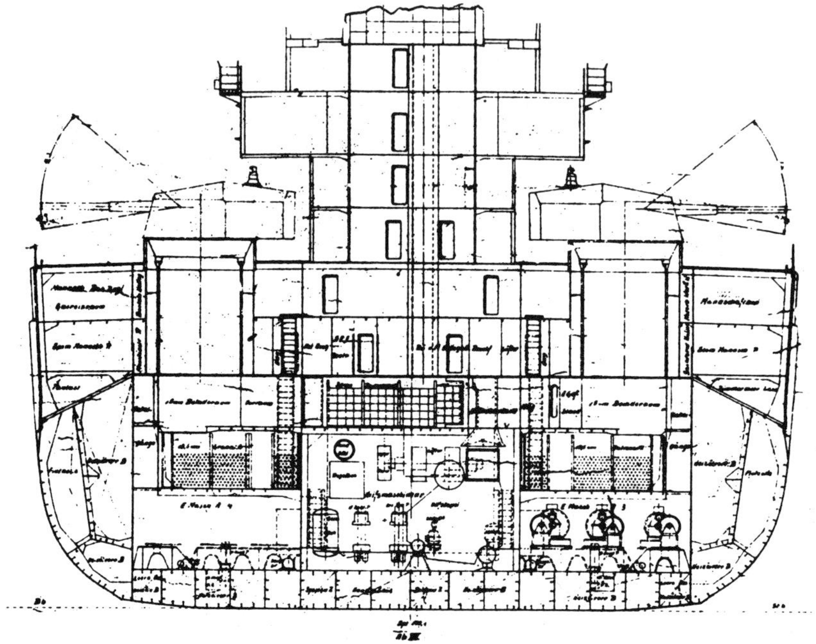

Schnitt durch Abteilung XIV mit Kommandostand und vorderen 15 cm-Türmen (von achtern gesehen).

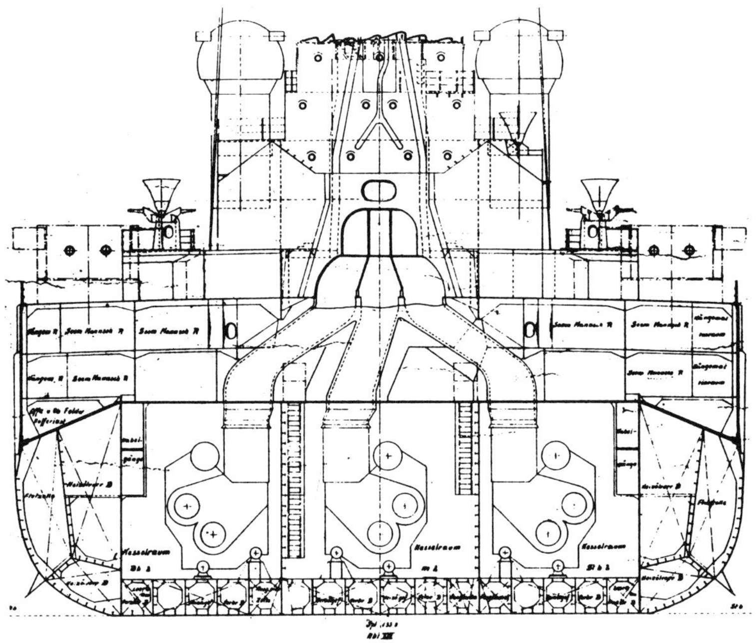

Schnitt durch Abteilung XIII mit den vorderen Kesselräumen (von achtern gesehen).

Der in der Bügelklüse aufliegende, durch eine Zurrkette gesicherte Steuerbord-Buganker.

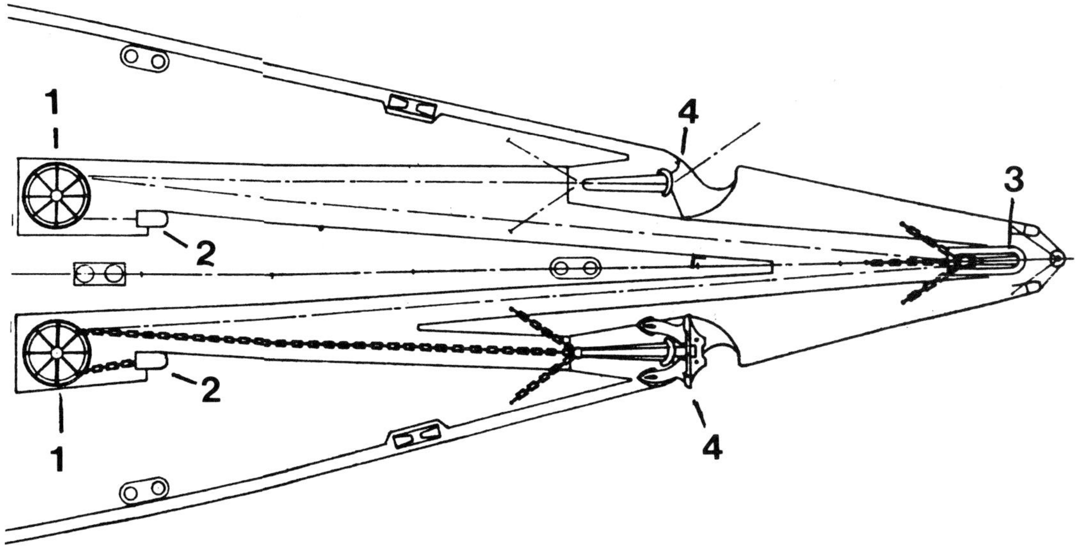

Dieses im Dock aufgenommene Bild zeigt die wulstförmige Verdickung des Vorstevens nahe der Basislinie mit der (hier noch dichtgesetzten) Ausfahröffnung für die Halte- und Führungsstenge des Bugschutzgerätes. Gerade noch erkennbar ist das unterhalb der Wasserlinie verlegte MES-Kabel.

Die Bugspitze im Aufriß. Es bedeuten: 1 = Ankerspill, 2 = Auslauföffnung des Kettenkastens, 3 = Stevenklüse, 4 = Bügelklüse. Die Darstellung berücksichtigt nur den Steuerbord-Buganker mit Ankerkette und Zurrkette.

PANZERUNG UND SCHUTZEINRICHTUNGREN [1)]

Der Grundsatz, größtmögliche Panzerdicken anzuwenden, ist in der deutschen Marine nie aufgegeben worden. Bei den Schlachtschiffen "F" und "G" galt es in ganz besonderer Weise, zu einem Typ zu gelangen, der allen damals vorhandenen Großkampfschiffen überlegen war. Diese Eigenschaft sollte sich weniger in der artilleristischen Schlagkraft manifestieren, sondern – wie schon bei dem unter Geheimrat Hans Bürkner geleiteten Großkampfschiffbau der Kaiserlichen Marine – durch einen maximalen Schutz erreicht werden. Die einzige Grenze lag – zunächst – in der vertraglich festgeschriebenen Größe der Typverdrängung auf 35.000 ts.

Bei einem Zahlenvergleich wird sichtbar, daß man für den Seitenpanzer eine geringere Dicke als bei der SCHARNHORST-Klasse in Kauf nahm. Dies aber war zu Gunsten eines angemessenen Zitadellschutzes [2)] entschieden worden. Das dafür notwendige Gewicht konnte nur durch Abstriche bei der Seitenpanzerung freigemacht werden. Vom Grundsätzlichen her betrachtet sollte damit also ein möglichst großer Teil des Überwasserschiffes unter Verzicht auf übertriebene Panzerdicken gegen Artilleriefeuer geschützt werden. Diesem Grundsatz lag die Überlegung zugrunde, daß der wegen der seit dem Ende des Ersten Weltkrieges rasch angestiegenen Gefechtsentfernungen steiler gewordene Geschoßeinfallwinkel den Wert des vertikalen Panzerschutzes herabgesetzt hatte und eine Verschwächung der Dicken zu Gunsten größerer gepanzerter Flächen vertretbar machte. Die bei diesen Neubauten dreimal so dicke Zitadellpanzerung sollte die Schwächen beseitigen, die bei der nur 45 mm dicken Zitadellpanzerung auf der SCHARNHORST-Klasse gegeben war. Hinzu trat ein auf 30 mm verdicktes und näher an die Außenhaut gerücktes Splitterlängsschott als wertvolle Verbesserung des Schutzes im oberen Schiffsbereich; zudem unterstützte dieses die Schiffslängsfestigkeit dadurch, daß es genau mit dem Torpedoschott fluchtete.

Die Panzerung der Außenhaut an den Schiffsenden mit 60 bis 80 mm Dicken entsprach jenen Erfordernissen, die zum Zeitpunkt der Entwurfsarbeiten als gültig angesehen wurden.
Die Horizontalpanzerung mit zusammen bis zu 160 mm galt in dieser Aera ebenfalls als angemessen und genügend, zumal sie im Bereich der Munitionskammern und im Umfeld der schweren Türme verstärkt war. Die Panzerdicken waren dabei auf BISMARCK wie folgt verteilt: [3)]

	Zitadellbereich		Böschungsbereich	
Decksebene	Munitionsräume	Maschinenräume	Munitionsräume	Maschinenräume
Oberdeck	50 mm	50 mm	50 mm	50 mm
Panzerdeck	95 mm	80 mm	110 mm	110 mm
Total:	145 mm	130 mm	160 mm	160 mm

Die Enden der durch den schweren Seitenpanzer und den darüber angeordneten Zitadellpanzer gebildeten Zitadelle hat man durch bis zu 220 mm dicke Querschotte geschlossen; ihre Dicken nahmen nach den Seiten und nach unten ab.
Durch die Gesamtanordnung sollte erreicht werden, daß das Schiffsinnere mit den Maschinenanlagen, den Waffenzentralen und den Munitionskammern einen gegen Artilleriefeuer optimalen Schutz erhielt.
Den Torpedoschutz bildete wie auf allen deutschen Großkampfschiffen ein Längsschott, hier mit 45 mm Dicke in gesamter Längen- und Höhenausdehnung der Zitadelle. Sein Abstand von der Außenhaut betrug knapp 5 m; in der so geschaffenen Torpedoschutzzone befand sich – in etwa 2,5 m mittlerem Abstand vom Torpedoschott – ein dünnes, schräggestelltes und ungepanzertes Längsschott. Mit diesem wurde die "Zerstörungszone" gebildet. Dieses Längsschott sollte die bei einer Unterwasserexplosion freigesetzten Kräfte auffangen und "verarbeiten" (seine Zerstörung wurde hingenommen, um die Sicherheit der Zitadelle zu erhalten), während das Torpedoschott dank seiner flexiblen Beschaffenheit die Restenergien aufzunehmen hatte.
Verwendet wurde in der Hauptsache KCnA-Panzer, im folgenden kurz als "KC-Panzer" bezeichnet; es handelte sich dabei um an der Außenseite "cementierten" Panzerstahl großer Dicke, der nach dem Kruppschen Verfahren neuer Art hergestellt wurde und die Bezeichnung KCnA führte. Die wahrscheinliche Zusammensetzung des KC-Panzers war angenähert etwa folgende (zum Vergleich sind die Werte für den KC-Panzer alter Art – "KCaA" – genannt: [4)]

	KCnA	KCaA
Kohlenstoff (C)	0,34 %	0,37 %
Nickel (Ni)	3,78 %	4,10 %
Mangan (Mn)	0,31 %	0,30 %
Chrom (Cr)	2,06 %	1,89 %

Verwendet wurde KC-Panzer für die Seitenpanzerung, Panzerquerschotte, Türme der Schweren und Mittleren Artillerie einschließlich ihrer Barbetten sowie Kommandostände.
Ein wesentlicher Fortschritt war in der Zeit nach dem Ersten Weltkrieg erreicht worden: Ab

1) Wesentliche Teile dieses Kapitels fußen auf dem Beitrag des verstorbenen Marineoberbaurates Többicke, Die Panzerung der deutschen Kriegsschiffe 1919–1945 (ungedrucktes Manuskript), S.2.

2) Darunter zu verstehen ist der Schutz des Schiffskörpers beiderseits oberhalb des schweren Seitenpanzers.

3) Auf TIRPITZ waren die Dicken teilweise etwas größer (Panzerdeck und Böschungen im Bereich der Munitionskammern 100 resp. 120 mm).

4) Angaben nach Hadeler, Kriegsschiffbau, S. 506 ff.

Anfang der 30er Jahre standen neue Arten von Panzermaterial zur Verfügung, die als "Woton weich" (Ww) und "Wotan hart" (Wh) bezeichnet wurden. Dabei handelte es sich um homogenes Material, das in Dicken bis zu 150 mm gefertigt wurde und eine große Zähigkeit und gute Festigkeit aufwies. Für diese Eigenschaften sprechen die folgenden Zahlen. [5]

	Zerreißwert	Dehnung	Streckgrenze
Wh	85–95 kp/mm²	20 %	50–55 kp/mm²
Ww	65–75 kp/mm²	25 %	38–40 kp/mm²

Wh und Ww ersetzten weitgehend den bisher verwendeten vierprozentigen Nickelpanzer und hatten diesem gegenüber den Vorteil, mit Spezialelektroden zuverlässig geschweißt werden zu können. Aus Gründen der Rohstoffbewirtschaftung mußten solche Elektroden vor dem Krieg äußerst sparsam verwendet werden. Erst mit einer Ersatzelektrode (Böhler Fox A 7) ließen sich dann jedoch nahezu gleiche Ergebnisse erzielen; diese enthielt nicht die im Reich besonders knappen Stoffe.

Verwendet wurde dieses neuartige Panzermaterial für die Horizontalpanzerung einschließlich der Böschungen, für die Seitenpanzerung der Schiffsenden und für die Torpedoschotte.

Zu Versuchen über die Wirkung von Artilleriebeschuß hatte seinerzeit neben dem alten Linienschiff HANNOVER das Zielschiff HESSEN zur Verfügung gestanden. Dieses hatte im Gegensatz zu dem Zielschiff ZÄHRINGEN keine Korkfüllung erhalten, sondern war so gepanzert worden, daß zu erwarten war, daß seine Inneneinrichtungen auch bei schweren Treffern unbeschädigt bleiben würden. Auf Grund der ersten Erfahrungen wurde bei der HESSEN 1938 die Außenhaut des Vorschiffes oberhalb des schweren Gürtelpanzers bis zum Oberdeck aus 30 bis 40 mm dickem Wh-Material ersetzt. Volltreffer von 28-cm-Zielschiffgranaten von etwa 150 kg Gewicht mit hochempfindlichen Aufschlagzündern vermochten diesen Panzer aus Entfernungen von etwa 150 bis 200 Hektometer (hm) und darüber nicht zu durchschlagen, sondern führten lediglich zu Einbeulungen. Die Gesamtordnung der Panzerung auf HESSEN war so gut, daß sie im Jahr 1941 bei einem Schießen der TIRPITZ neun Volltreffer von 38 cm Kaliber ertrug und am nächsten Tag sieben weitere Treffer von 28 cm Kaliber neben zahlreichen 15 cm-Treffern aushalten konnte. Von den schweren Geschossen hatte rund die Hälfte die Vorschiff- und Oberdeckpanzerung durchschlagen, jedoch nicht das Panzerdeck. Dies war in erster Linie auf die Verwendung von Wh-Material bei der Außenhaut zurückzuführen; beim Durchschlagen büßten die Geschosse so viel von ihrer Energie ein, daß sie im Schiffsinneren keine allzugroßen Schäden mehr anrichten konnten.

Beide Schießen fanden auf etwa 250 Hektometer Entfernung statt; das Gewicht der 38 cm-Granaten war etwa 350 kg, das der 28 cm-Granaten 300 kg. Diese Munition war an und für sich für den Beschuß von Zielschiffen nicht zulässig, wurde aber in diesem Fall dennoch verwendet und war mit hochempfindlichem Aufschlagzünder versehen. Der schwere Seitenpanzer der HESSEN (225 mm KCaA) erhielt verschiedene Volltreffer, doch wurde er in keinem Fall durchschlagen. Die Wirkung lag lediglich in einem Zurückdrücken der gesamten Platte um einige Zentimeter in das Schiffsinnere, woraus sich die Notwendigkeit einer guten Aussteifung der Außenhaut hinter dem Seitenpanzer ergab.

Beim Unternehmen "Rheinübung" wurde die BISMARCK während des Gefechtes mit HOOD und PRINCE OF WALES von einer 35,6 cm-Granate im Vorschiff getroffen. Diesem Treffer war verständlicherweise die 60 mm dicke Außenhaut nicht gewachsen, doch konnte er im Schiffsinneren keine wesentlichen Beschädigungen anrichten. Dennoch wurde er entscheidend für den weiteren Verlauf der Operation, weil durch die gezackten Kanten des Einschußloches und die Tiefertauchung des Vorschiffes durch eintretendes Seewasser die Geschwindigkeit herabgesetzt wurde. Dies führte letztlich dazu, daß der Gegner Fühlung halten konnte. Außerdem zwang der laufende Verlust von Heizöl zur Abkürzung des Reiseweges, so daß das Schiff wieder aufgefunden werden konnte, als die Fühlung vorübergehend verlorengegangen war. Als die BISMARCK dann von den überlegenen britischen Kräften gestellt wurde, hatte sie (außer jenem, der zum Verlust der Steuerfähigkeit führte) schon mehrere Torpedotreffer erhalten. Dennoch war ihre Artillerie dadurch in ihrer Gefechtsbereitschaft in keiner Weise behindert. Diese wurde erst nach stundenlangem Beschießen mit 40,6 cm- und 35,6 cm-Kalibern zum Schweigen gebracht, wobei die Gefechtsentfernungen zuletzt bei nur noch 160 bis 120 Hektometern lagen. Dabei gab die BISMARCK ein nahezu unbewegliches Ziel ab; ihre Aufbauten wurden zwar zerfetzt und weggefegt, aber sie konnte nicht zum Sinken gebracht werden. Erst nachdem die Seeventile geöffnet worden waren, ging sie, inzwischen von weiteren Torpedos getroffen, in die Tiefe.

Die Panzerung der BISMARCK

Zitadellbereich (Länge: 171,40 m): 320 mm, nach unten auf 170 mm verschwächt ("getäpert"), als schwerer Gürtelpanzer in ca. 5 m Breite; darüber 145 mm als Zitadellpanzer in 2,2 m Breite. Sämtlich KCnA.

Vorschiff: 60 mm Wh (auf 38,5 m Länge), geschweißt.

Achterschiff: 80 mm Wh (auf 31,4 m Länge), geschweißt.

Panzerquerschotte: Auf m 11,3 ab Heckspitze: 150 mm, oben 45 mm; auf m 33,4: 220 mm, an den Seiten 100 mm, oben 145 – 100 mm; auf m 201,6: 220 mm, an den Seiten 100 mm, oben 145 – 100 m, unten 180 mm. Sämtlich KCnA.

Torpedoschutz

Torpedoschott (an jeder Seite auf 170,7 m Länge) 45 mm Ww, genietet.

Horizontalpanzerung

Oberdeck: 50 mm Wh, durchgehend,*) geschweißt.

Panzerdeck: 80 mm, über Rudermaschinenraum 110 mm, über Munitionskammern der Schweren Artillerie 100 mm, Böschungen 110 mm (im Bereich der Munitionskammern der Schwerden Artillerie 120 mm), sämtlich Wh, geschweißt.

Schwere Artillerie

Barbetten: 340 mm oberhalb des Oberdecks, 220 m darunter.

Türme: Frontseite 360 mm, Decke 150–180 mm, Seiten 150–220 mm, Rückfront 320 mm, sämtlich KCnA.

[5] Ebd.

*) Grundfläche des Aufbaudecks ausgenommen.

Mittelartillerie

Barbetten: 100 mm.
Türme: Frontseite 100 mm, Seiten 40 mm, Decke 20–35 mm, Rückfront 40 mm, sämtlich KCnA.

Kommandostände

Vorderer Stand: Senkrechte Flächen 350 mm (rundum), Decke 220 mm, Boden 60 mm, Schacht zur Kommandozentrale 220 mm, sämtlich KCnA.
Achterer Stand: Senkrechte Flächen 150 mm (rundum), Decke und Boden 30 mm, Schacht 50 mm, sämtlich KCnA.
Vormarsleitstand: Senkrechte Flächen 60 mm (rundum), Decke und Boden 20 mm, Stützzylinder 60 mm.
E-Meß-Drehhauben: Auf Brückenaufbau: Senkrechte Flächen 120 mm (rundum), Decke 100 mm, Boden 50 mm; auf Turmmast: Senkrechte Flächen 20 mm (rundum), Decke und Boden 20 mm; auf achterem Kommandostand: Senkrechte Flächen 100 mm (rundum), Decke 50 mm, Boden 30 mm.

Im Brückenhauskomplex weitere Bereiche mit 10,20 und 60 mm dickem Panzerschutz, im Turmmast solche von 10,14 und 20 mm (u. a. Admiralsbrücke).

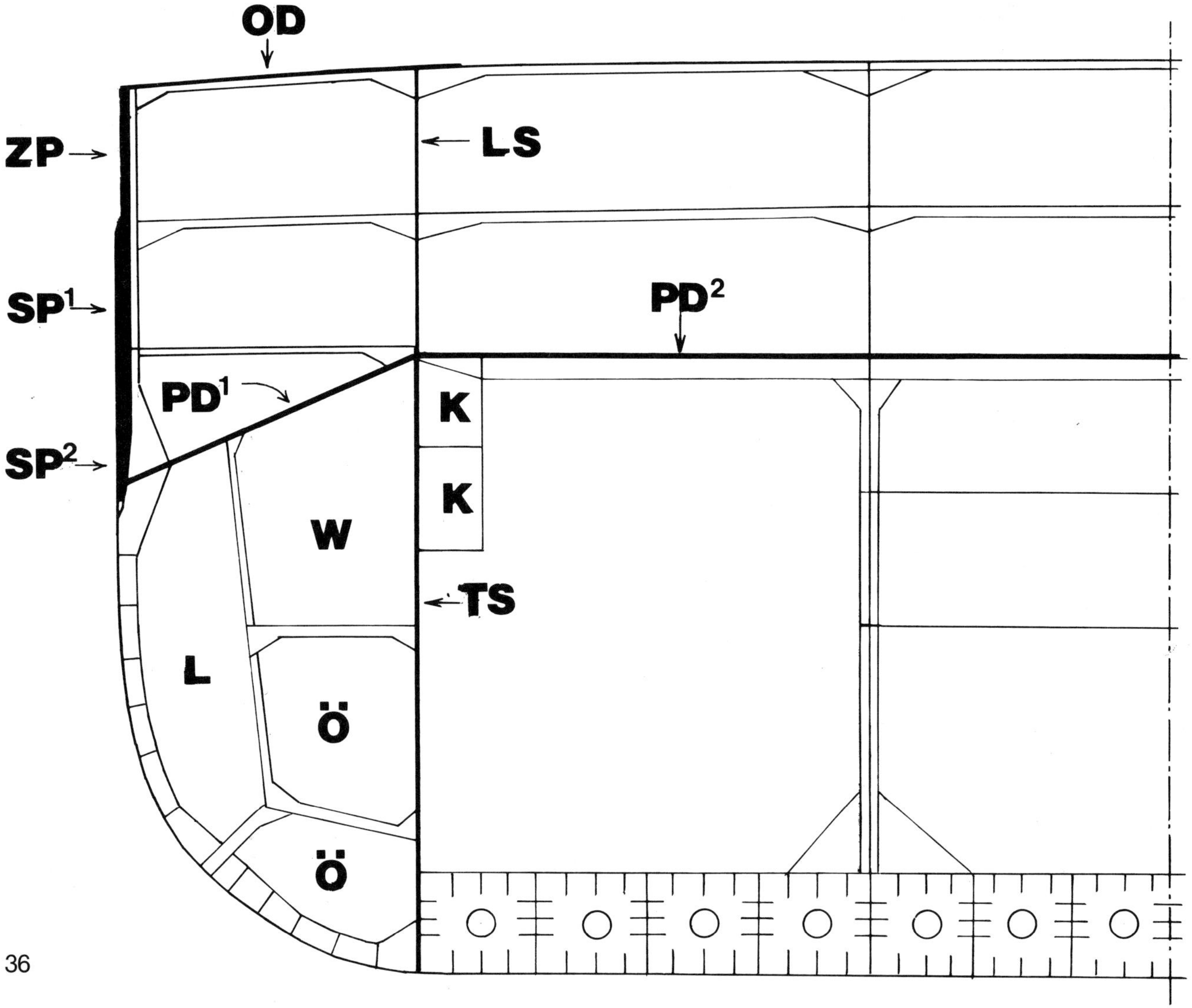

Querschnitt durch den Hauptspant mit Panzerdicken und Füllungen. Für die Panzerung bedeuten: OD = Oberdeck (5o mm Wh, geschweißt, neben den Türmen 80 mm), ZP = Zitadellpanzer (145 mm KCnA, genietet), SP1 = Seitenpanzer (320 mm KCnA, genietet), SP2 = Seitenpanzer, getäperter Teil (im Mittel = 170 mm KCnA, genietet), PD1 = Panzerdecksböschung (110 mm Wh, genietet), PD2 = Panzerdeck (80 mm Wh, genietet), LS = Splitterlängsschott (30 mm Wh), TS = Torpedoschott (45 mm, Ww, genietet). Für die Füllungen galten: Ö = Heizöl, W = Wasser, L = Leerraum, K = Kabelgänge.

Diese Aufnahme macht die obere Begrenzung des schweren Seitenpanzers in Form einer schräg abfallenden Kante (1) deutlich. Das Oberschiff wird durch den bis zum Oberdeck reichenden Zitadellpanzer (2) geschützt.

Längsschnitt mit Panzerverteilung und Panzerdicken (in Millimetern).

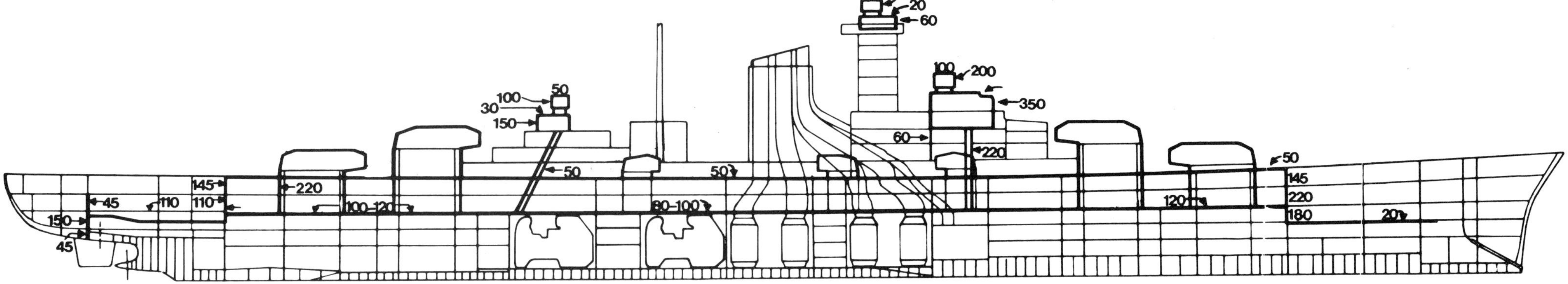

DIE SCHIFFSTECHNISCHE ANLAGE

Die Antriebsleistung des Schlachtschiffes BISMARCK lag konstruktionsmäßig bei 3 x 46.000 Wellen-PS (WPS), zusammen also 138.999 WPS. Diese Leistung entsprach einer Konstruktionsgeschwindigkeit von 29 kn. Erreicht wurden jedoch 150.170 WPS und 30,5 kn. Spätere Meilenfahrten ergaben sogar mehr als 31 kn (hierzu ist jedoch anzumerken, daß Fahrten dieser Art stets unter besonderen Bedingungen und mit unterschiedlichen Beladungszuständen durchgeführt wurden, wobei auch die Wassertiefen eine Rolle spielten – die dabei gewonnenen Ergebnisse konnten daher niemals der absoluten Wirklichkeit entsprechen, galten aber – wie die Brennstoffmeßfahrten – als Grundlage für die Praxis).
Mit der Erstellung der militärischen Forderungen an das Konstruktionsamt hatte sich frühzeitig die Frage gestellt, welche Antriebsart zu wählen ist. Wie schon bei der SCHARNHORST-Klasse, wurden alle damals in Betracht kommenden Lösungen diskutiert:

- Antrieb durch Dieselmotoren
- Turboelektrischer Antrieb
- Dampfturbinenantrieb

Der ideale Antrieb war erwiesenermaßen der durch Dieselmotoren; diese hatten den geringsten, d. h. sparsamsten Brennstoffverbrauch (womit sie folglich einen sehr großen Fahrbereich ermöglichten), aber mehr Raum beanspruchten. Dem entgegen standen zwar das im Vergleich zu Turbinenanlagen höhere Gewicht und der Umstand, daß mit ihnen die geforderte große Leistung und in Verbindung damit hohe Geschwindigkeit nicht garantiert werden konnte, doch wog das angesichts der Vorteile weniger schwer. Insgesamt gesehen sprachen die mit den Antriebsanlagen der drei Panzerschiffe der DEUTSCHLAND-Klasse gemachten Erfahrungen für eine erneute Anwendung des Motorenantriebs. Daß die Schlachtschiffe der SCHARNHORST-Klasse wieder mit Turbinen ausgerüstet worden sind, lag allein daran, daß Dieselmotoren der für sie erforderlich gewesenen Größenordnung noch nicht zur Verfügung gestanden haben. Dies war auch jetzt der Fall: Ein Dieselmotor, der alle Anforderungen erfüllte, befand sich erst in der Entwicklung. Wollte man auf seine Frontreife warten, so hätte dies die Fertigstellung der Schiffe beträchtlich verzögert.
Auch der turboelektrische Antrieb war erneut im Gespräch. Dieser setzte sich zusammen aus einer Kesselanlage, den Dampfturbinen, Generatoren und Elektromotoren. Der in den Kesseln erzeugte Dampf beaufschlagte die Dampfturbinen, denen Generatoren angehängt waren. Letztere erzeugten elektrische Energie, die an die Elektromotoren weitergeleitet wurde, welche die Propeller antrieben. Die Aufstellung dieser Propeller-Antriebsmotoren war nicht an einen festen Platz gebunden, sondern frei wählbar, am besten ganz achtern im Schiff, so daß die Wellen sehr kurz gehalten werden konnten. Die Vermeidung langer Wellenleitungen war unbestreitbar ein Vorteil. Ein weiterer Vorteil war, daß die Turbinen mit den Generatoren gekuppelt waren, was ein sonst unverzichtbares Getriebe überflüssig machte. Nachteilig hingegen war das große Gewicht des elektrischen Teils einer solchen Anlage einerseits und die Verletzbarkeit der von den Generatoren zu den Propellerantriebsmotoren laufenden Kabel andererseits.

Die Entscheidung mußte daher für eine ganz normale Dampfturbinenanlage ausfallen. Diese bestand aus zwölf Wagner-Hochdruck-Heißdampf-Wasserrohrkesseln mit natürlichem Umlauf. Es waren sog. "Einender", sie wurden zu je zweien in einem Kesselraum (insgesamt sechs Kesselräume) aufgestellt. Jeder Kessel wurde an seiner Stirnseite durch zwei Saacke-Brenner mit Heizöl versorgt. Die Saacke-Brenner waren Drehbrenner, die das Heizöl durch Zerstäubung mittels besonderer Zerstäuberluft unter Ausnutzung der Fliehkraft in den Verbrennungsraum des Kessels beförderten. Die Drehzahl lag zwischen 5.000 und 7.000 U/min. Das Heizöl wurde durch Heizölförderpumpen aus den Heizölvorratsbunkern in die Verbrauchsbunker jedes Kessels gepumpt und von dort mit Heizölpumpen zu den Brennern gedrückt. Die Heizölbunker ließen sich vorwärmen, um dem Heizöl die zum Pumpen erforderliche Viskosität zu geben.

Kesseldaten

Verdampfungsheizfläche	380 m^2
Überhitzerheizfläche	120 m^2
Luftvorwärmerfläche	685 m^2
Speisewasservorwärmung	160° C
Betriebsdruck	55 atü
Einstelldrücke der Sicherheitsventile	58 atü (63 atü maximal)
Genehmigungsdruck	68 atü
Hauptsicherungsventile:	
Trommel, Einstelldruck, Dampfsammler	68 – 69,5 atü (Heißdampfvorlage)
Kesselleistung	50 t/h
Kesselwirkungsgrad	80 %
Dampftemperaturen:	
Sattdampf	267° C
Heißdampf	450° C
Erzeugungswärme	631,8 kcal/kg
Verdampfungsziffer	11,8 bei 9.300 kcal/g
Dampferzeugung	132 kg Dampf/m^2 Heizfläche
Gaswiderstand	220 mm WS
Rauminhalt	144 m^3
Kesselgewicht mit Wasser	52,8 t
Gewicht Wasserinhalt (warm)	4,85 t
Luftvorwärmung (Temperatur)	335° C
Feuerraumbelastung (10^6)	2 kcal/m^3/h

Die Kessel hatten Askania-Regelung und waren außer mit einem Luftvorwärmer auch mit einer Speisewasservorwärmung versehen. Der Betriebsdruck der Kessel lag bei 55 atü, die Betriebstemperatur bei 450° C und die Dampfleistung um 50 t/h.
Mit dem erzeugten Dampf wurden die in drei Turbinenräumen angeordneten Turbinensätze beaufschlagt. Hersteller der Turbinen war die Bauwerft Blohm & Voß Hamburg. Die Turbinensätze waren viergehäusig gebaut. Zu jedem Satz gehörten:

- Eine Hochdruckturbine mit einem Curtisrand und 4 Stufen,
- eine Mitteldruckturbine, doppelflutig mit 15 Stufen,
- eine Niederdruck-Rückwärtsturbine, ebenfalls doppelflutig,
- eine Hochdruck-Rückwärtsturbine (deren Curtisrand in einem eigenen Gehäuse an der Gegenseite der Antriebsseite der Mitteldruckturbine saß), und
- eine Niederdruckturbine mit neun Stufen und direkt über dem Kondensator angeordnet.

Eine Marschturbine hatte der Turbinensatz nicht.
Das Leistungsgewicht der Antriebsanlage belief sich auf 20,3 kg/PS: Den Vortrieb besorgten drei Wellen mit je einem dreiflügeligen Propeller von 4,80 m Durchmesser.

Eine Werftprobefahrt ergab folgende Werte: *)

Wellenleistung WPS	Anzahl der in Betrieb befindlichen Kessel	Umdrehungen U/min	Geschwindigkeit kn	Brennstoffverbrauch g/PSh
Vorwärtsfahrt:				
3 x 46.000	12	265	29	325
3 x 38.350	12	250	.	320
3 x 23.300	9	214	.	335
3 x 13.000	6	176	.	370
3 x 8.300	3	151	.	415
3 x 5.000	3	128	.	500
Rückwärtsfahrt:				
3 x 12.000	12			

*) Nach Gröner, Die deutschen Kriegsschiffe 1815–1945, Band 1, S. 59.

Die Aufteilung der Antriebsanlage – es bedeuten:
1 = E-Werk 2
2 = E-Werk 1
3 = Turbinenraum mittschiffs
4 = Turbinenraum Backbord
5 = Turbinenraum Steuerbord
6 = Kesselraum Backbord 1
7 = Kesselraum Mitte 1
8 = Kesselraum Steuerbord 1
9 = Kesselraum Backbord 2
10 = Kesselraum Mitte 2
11 = Kesselraum Steuerbord 2
12 = E-Werk 4
13 = Hilfskesselraum
14 = E-Werk 3

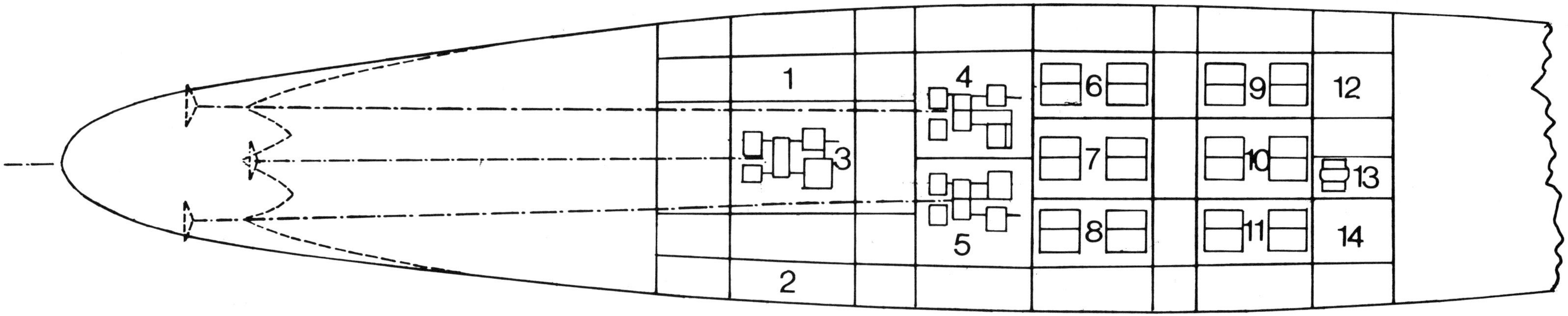

Die Kesselräume waren in der Schiffsmitte vor den Turbinenräumen installiert und befanden sich im Zitadellbereich:
– In Abteilung XI die Kesselräume Backbord 1, Mitte 1 und Steuerbord 1, und
– in Abteilung XIII die Kesselräume Backbord 2, Mitte 2 und Steuerbord 2.
Die Turbinenräume befanden sich in Abteilung VII (Mitte) und in Abteilung X (Backbord und Steuerbord).
Die E-Anlage bestand aus zwei E-Werken mit je vier Dieselgeneratoren zu je 500 kW, zwei E-Werken mit fünf Turbogeneratoren zu je 690 kW und einem Turbogenerator zu 460 kW mit angehängtem 400 kVA-Generator. In einem fünften E-Werk war ein Dieselgenerator mit 550 kVA aufgestellt.
Die E-Werke waren wie folgt untergebracht:
– In Abteilung VII (Backbord = E-Werk 2, Steuerbord = E-Werk 1) und
– in Abteilung XIV (Backbord = E-Werk 4, Steuerbord = E-Werk 3).
Die E-Werke 1 und 2 nahmen die Dieselgeneratoren auf, die beiden anderen die Turbogeneratoren. In Abteilung VII gab es noch ein weiteres E-Werk; dieses befand sich direkt hinter dem E-Werk 1 und arbeitete mit einem Dieselgenerator (Wechselstrom).

BRENNSTOFFVORRAT UND FAHRSTRECKE

Die an Bord unterzubringende Heizölmenge betrug rund 7.400 m^3 und mit Sonderzuladung 8.249 m^3; hierzu ist anzumerken, daß die Bunker nie ganz leergefahren werden durften (und auch nicht konnten). Damit konnten zurückgelegt werden:

Marschfahrstufe in kn	Fahrstrecke in sm
16,0	9.280
17,0	8.900
19,0	8.525

Dies war für einen ozeanischen Einsatz ein sehr knapper Vorrat. Operationen wie "Rheinübung" mußten daher auf ein ausreichendes In-See-Versorgungssystem abgestützt werden.

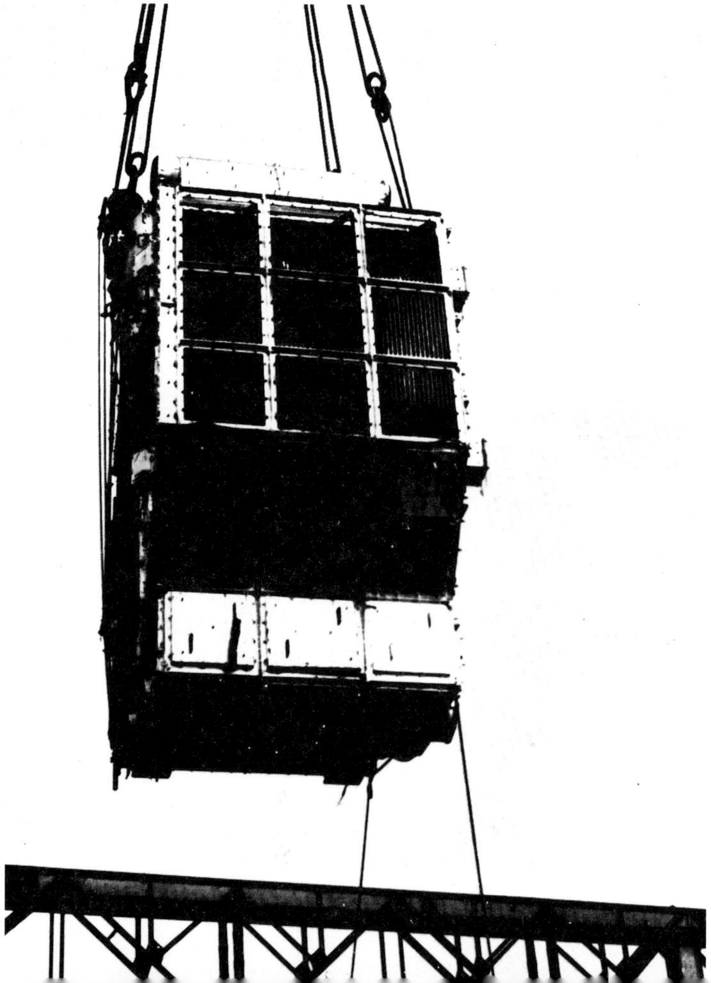

Einer der zwölf Hochdruck-Heißdampfkessel beim Einsetzen in den vorgesehenen Kesselraum. Er ist bereits mit der üblichen Verkleidung versehen, die Wärmeabstrahlung und Wärmeverluste im Betrieb verhindern soll. Auf dem linken Bild ist ein Teil des Rohrsystems sichtbar, auf dem Bild daneben ebenfalls Rohrbündel und oben links die Obertrommel und darüber der Dampfsammler.

Diese drei Aufnahmen zeigen den Schornsteinmantel von oben und gewähren einen Einblick in seine Konstruktion. Im Inneren sind die Schächte der Rauchgasabzüge der Kessel – hier abgedeckt – zu sehen. Um diese herum ragen zahlreiche Rohre über den Rand des Schornsteinmantels hinaus. Auch sie gehören zur Kesselanlage. Es handelt sich um Rohre zum Abblasen, Entlüften, um Wrasenleitungen, Notablaßrohre u. a. m., alle mit einer bestimmten Funktion (oberes Bild). Die Aufnahme darunter entstand aus ähnlicher Perspektive und zeigt nochmals einen Teil der Rohre. Gut erkennbar ist hier der mittlere 15 cm-Turm der Steuerbordseite. Auf dem dritten Bild blickt man auf den inzwischen komplett gewordenen Schornstein, der nunmehr mit einer Schrägkappe ausgerüstet ist. Beachtenswert ist die heruntergeklappte Schutzhaube des vorderen Steuerbord-Scheinwerfers am Schornstein.

DIE BEWAFFNUNG

1. Schwere Artillerie

Bei der Wahl des Kalibers 38 cm für die Schwere Artillerie (SA) folgte man dem Vorgehen der Kaiserlichen Marine bei ihren letzten Großkampfschiffentwürfen: Mit 38 cm-Geschützen bewaffnet wurden seinerzeit nur noch die 1913 begonnenen und 1916 fertig gewordenen Linienschiffe BAYERN und BADEN; diesen blieb indessen versagt, sich noch mit einem Gegner messen zu können. Zum Zeitpunkt der Skagerrakschlacht waren sie noch nicht voll einsatzbereit.[1] Gegenüber dieser von der Firma Krupp gebauten 38 cm-SK C/13 (SK steht für "Schnelladekanone"), das C verweist auf das K(C)onstruktionsjahr) brachte die von der gleichen Firma entwickelte und gebaute 38 cm-SK C/34 wesentliche Verbesserungen: Längeres Rohr, vergrößerte Schußweite, höhere Kadenz und insgesamt eine modernere Konstruktion. Wie bei der BAYERN-Klasse wurden auch für BISMARCK vier Zwillingstürme vorgesehen, von denen je zwei (der jeweils innere in überhöhender Aufstellung) im Vorschiff und im Achterschiff eingebaut waren. Jeder Turm hatte einen Namen, dieser leitete sich aus dem Signalalphabet der Kriegsmarine ab. Demzufolge hieß der vordere Turm "Anton", der danach folgende "Bruno" und die beiden hinteren "Cäsar" und "Dora".
Die Türme waren stark gepanzert und hatten tief in das Innenschiff ragende Unterbauten. Unter ihnen – in die Zitadelle einbezogen – befanden sich die Munitionskammern und Pulvermagazine; diese waren aus Sicherheitsgründen räumlich voneinander getrennt. Über Umladekammern gelangten die Geschosse und die Kartuschen mit mechanischen Aufzügen in den Turm vor die Rohre. Die Transportwege waren so ausgelegt und gesichert, daß ein durch einen Treffer oder Unglücksfall ausgelöster Brand nicht stichflammartig nach unten durchschlagen konnte. Das Einführen der in Metallhülsen befindlichen, im Durchmesser 420 mm messenden Vor- und Hauptkartischen erfolgte ebenso wie bei den Geschossen durch einen hydraulisch arbeitenden Ansetzer. Jeder Turm – mit Ausnahme des vorderen – verfügte über ein eigenes 10,5 m-Langbasis-Entfernungsmeßgerät als Ausfallreserve. Das Schwenken erfolgte elektrisch, während die Rohre hydraulisch gehoben und gesenkt wurden.
Die Feuergeschwindigkeit betrug je Rohr 18 Sekunden; solange dauerte es vom Laden und Abfeuern bis zum Auswerfen der leeren Kartuschhülse. Umgerechnet bedeutete dies rein theoretisch eine Kadenz von ca. 3,3 Schuß pro Rohr und Minute.

Angaben zur 38 cm-SK C/34 [2]

Rohrkonstruktion:		Loses, austauschbares Seelenrohr, loses, angepaßtes Führungsrohr
Verschlußart:		Waagerechte Schubkurbel (Gleitkeilverschlußblock)
Verschlußgewicht/-Länge:		ca. 2.800 kg/2.230 mm
Rohrgewicht (komplett):		110.700 kg
Rohrlänge (L/52):		19.630 mm
Seelenlänge (L/48,5):		18.405 mm
Zugzahl/-tiefe/-breite:		90/4,5 mm / 7,76 mm
Felderbreite:		5,5 mm
Drallwinkel:		ca. 5°
Rohrrücklauflänge:		1.050 mm
Ladungsraum:	Vom Stützansatz bis Beginn der Züge:	
	Züge:	2.423 mm
	Gezogener Teil:	15.982 mm
	Durchmesser am Stützansatz:	445,7 mm
Lebensdauer des Rohres:		
Geschoßweg im Rohr:		16.175 mm
Laufzeit:		35,7 Millisekunden
Konstruktionsgasdruck:		3.200 kg/cm²

Ballistische Daten

Mündungsgeschwindigkeit (V_o):	820 m/sec
Schußweite bei 30° Rohrerhöhung:	35.550 m

---

[1] Zwei weitere Schiffe dieser Klasse, SACHSEN und WÜRTTEMBERG, sind nicht mehr fertiggestellt, drei mit ebensolchen Geschützen vorgesehene Schlachtkreuzer nicht mehr begonnen worden.

[2] Für diese Angaben standen größtenteils Unterlagen des Historischen Archivs Friedrich Krupp GmbH zur Verfügung.

Geschoßart	Geschoß-gewicht kg	Geschoß-länge mm	Ladung Gewicht kg	Ladung Anteil %	Zünderart
Panzersprenggranate (Bz)	800	1.672	18,8	2,35	Bodenzünder
Sprenggranate (Bz)	800	1.710	32,6	4,10	Bodenzünder
Sprenggranate (Kz)	800	1.748	64,2	8,00	Kopfzünder

Treibladung: 212 kg RP/C/38 (RP = Rohrpulver).

Weitere Daten

Lafettierung:	Drehscheibenlafette C/34
Turmgewicht:	1.064 t (ohne Barbette und Munition, mit Entfernungsmeßgerät)
Drehkranz-/Barbettedurchmesser:	8,75 m / 10,00 m
Rohrelevation:	+30°–5,5°
Rohrkupplung:	Einzeln hantierbare Rohre
Abstand der Rohre:	3.750 mm zwischen Seelenachsen
Richtgeschwindigkeit:	Seite 5,4° /sec, Höhe 6°/sec
Bestreichungswinkel:	Vordere Türme 290°, achtere 270°
Kadenz bei 4° Rohrerhöhung:	26 sec = 2 Schuß pro Rohr und Minute
Munitionsvorrat je Turm:	210 bis 240 Schuß
Gewicht einer Breitseite:	13.376 kg

Durchschlagsleistungen

Entfernung	Panzerdicke
10.000 m	510 mm
20.000 m	364 mm
21.000 m	350 mm
25.000 m	308 mm

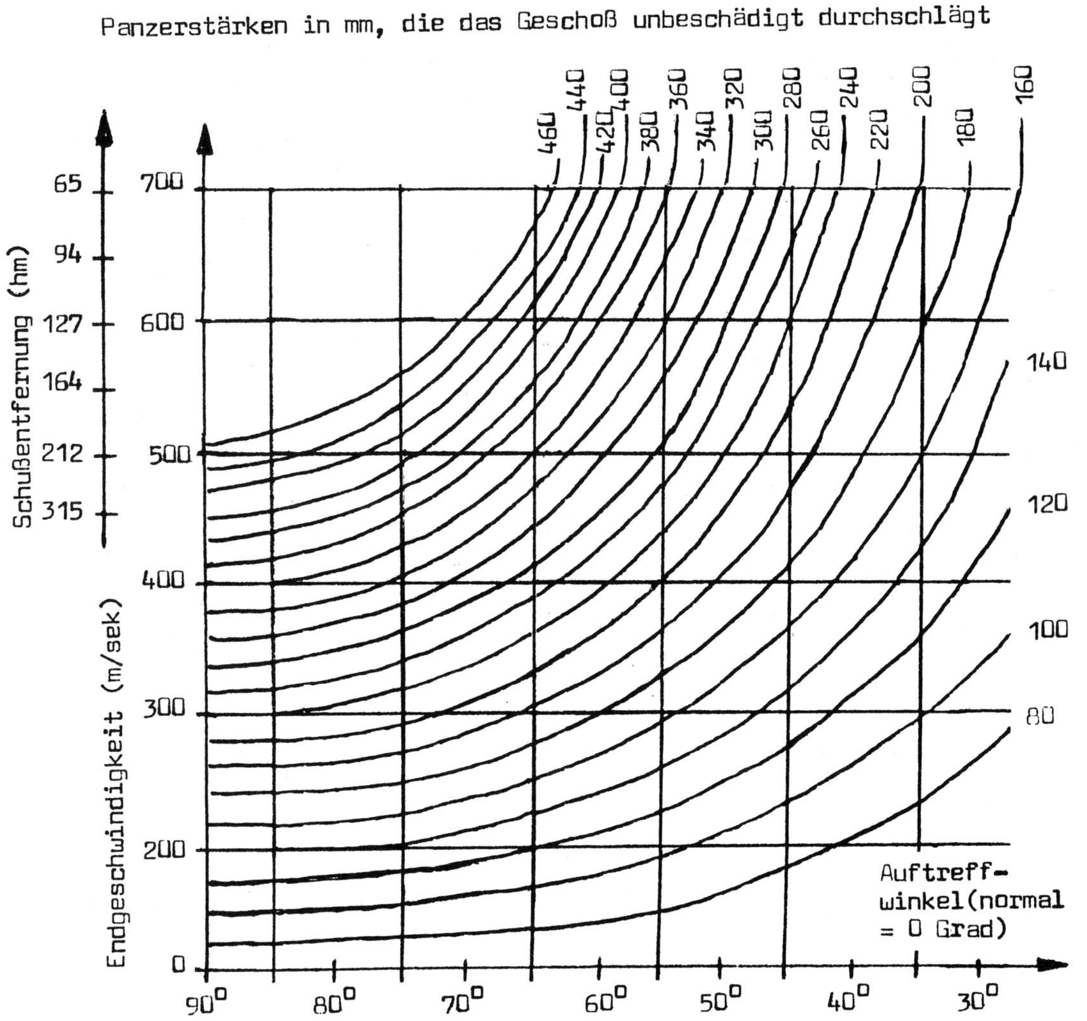

Durchschlagsvermögen der 38-cm-Panzersprenggranate L/4.4 von 800 kg Gewicht (auf oberflächengehärtetes Panzermaterial)

2. Mittelartillerie

Die Mittelartillerie (MA) bestand aus zwölf 15 cm-SK C/28, die zu je zweien in Türmen zusammengefaßt waren und ihre Positionen auf den Seitendecks im Mittelschiffsbereich hatten. Sie waren so aufgestellt, daß sie nach der Seite Quadranten abdecken konnten, die von genau recht voraus bzw. recht achteraus bis nach achterlich bzw. vorlich querab reichten. Die Geschütze waren die gleichen wie auf den Panzerschiffen der DEUTSCHLAND- und den Schlachtschiffen der SCHARNHORST-Klasse. Ähnlich wie die Türme der Schweren Artillerie hatten auch die 15 cm-Türme Unterbauten, in denen über Aufzüge die Munition zugeführt wurde. Das Laden erfolgte manuell, ebenso das Auswerfen der leeren Kartuschhülse aus dem Turminneren.
Die Türme wurden elektrisch geschwenkt, das Heben und Senken der Rohre besorgte eine Hydraulik, wobei die Feineinstellung manuell über Handräder erfolgen mußte.
Die Bezeichnung der einzelnen Türme lautete von vorn nach achtern für die eine Seite "Steuerbord I", "Steuerbord II" und "Steuerbord III" und adäquat für die der Backbordseite.
Mit gut ausgebildetem Bedienungspersonal konnten die Türme am Anfang eines Schießens bis zu acht Schuß pro Rohr und Minute schaffen. Dieses Tempo sank jedoch nach kurzer Zeit auf etwa fünf Schuß, weil das Hochstemmen und Ansetzen der 45 kg schweren Geschosse von Hand eine schwere körperliche Anstrengung bedeutete. Ungeachtet dessen betrug die Feuergeschwindigkeit – also Laden, Abfeuern und Auswerfen der Kartuschhülse – nur 7,5 Sekunden. Die jeweils vorderen und hinteren Türme entsprachen jenen der SCHARNHORST-Klasse; lediglich die mittleren Türme wichen von ihnen ab, weil sie zur Aufnahme eines Entfernungsmeßgerätes eingerichtet waren.

Angaben zur 15-cm-SK C/28

Rohrkonstruktion	Loses, austauschbares Seelenrohr, angepaßtes Führungsrohr
Verschlußart	Fallkeil
Rohrgewicht (komplett)	9.026 – 9.080 kg
Rohrlänge L/55	8.200 mm
Verschlußlänge/-volumen	1.152 mm / 21,7 dm^3
Seelenlänge	7.816 mm
Zugzahl/-tiefe/-breite	44 / 1,75 mm / 6,14 mm
Felderbreite	4,5 mm
Rohrrücklauflänge	370 mm
Lebensdauer des Rohres	ca. 1.100 Schuß
Ballistische Daten	
Geschoßgewicht	45,3 kg
Mündungsgeschwindigkeit (V_o)	875 m/sec
Schußweite bei 40° Rohrerhöhung	23.000 m
Geschoßweg im Rohr	7.816 mm
Konstruktionsgasdruck	3.000 kg/cm^2

Weitere Daten

Lafettierung	Drehscheibenlafette C/34
Turmgewichte (ohne Barbetten und Munition, mit Entfernungsmeßgerät)	Vordere Türme: je 150,3 t Mittlere Türme: je 131,6 t Hintere Türme: je 97,7 t
Drehkranz-/Barbettedurchmesser	3,83 / 4,80 m
Rohrkupplung	Einzeln hantierbare Rohre
Rohrelevation	+40° –10°
Abstand der Rohre	800 mm (zwischen den Seelenachsen)
Bestreichungswinkel	Vordere und mittlere Türme je 150°, hintere Türme je 135°
Richtgeschwindigkeit	Seite 9°/sec, Höhe 8°/sec
Kadenz	6 Schuß pro Rohr und Minute
Gewicht einer Breitseite	271,8 kg
Munitionsvorrat je Turm	300 Schuß

Angaben zur Munition

Geschoßart	Geschoßgewicht kg	Geschoßlänge mm	Ladung Gewicht kg	Zünderart
Sprenggranate (Kz)	45,3	655	3,892	Kopfzünder
Sprenggranate (Bz)	45,3	678,9	3,058	Bodenzünder
Panzersprenggrante (Bz)	45,3	550	0,855	Bodenzünder

Treibladung: RP C/32 (Gewicht 23,5 kg, Länge 865 mm)

3. Schwere Flak

Für die Bekämpfung von Flugzeugen in größeren Höhen war die Schwere Flak (sFlak) bestimmt. Für diese stand das neuere 10,5 cm-SK C/33 zur Verfügung, ein Geschützmodell, das sich bereits auf den Panzerschiffen der DEUTSCHLAND-, den Schlachtschiffen der SCHARNHORST- und den Schweren Kreuzern der ADMIRAL HIPPER-Klasse gut bewährt hatte. Die Rohrzahl war sehr stark: Auf jeder Seite konnten acht Rohre eingesetzt werden, insgesamt 16. Aufgestellt waren sie in dreiachsig stabilisierten Doppellafetten, die jedoch nicht einheitlich waren. Vorgesehen war zwar die neuere, wesentlich verbesserte (und auch etwas vereinfachte) Doppellafette C/37, aber kriegsbedingte Engpässe und Verzögerungen führten dazu, daß sie für BISMARCK nicht in voller Stückzahl rechtzeitig zur Verfügung stand. Daher mußte eine Interimslösung gefunden werden; diese sah dann so aus, daß je vier Doppellafetten C/31 und C/37 eingebaut wurden, und zwar die ersteren im vorderen Schiffs-

bereich und die letzteren im hinteren. Es war vorgesehen, daß nach Rückkehr in die Heimat im Zuge einer Werft- oder Arsenalliegezeit eine entsprechende Nachrüstung mit dem Ziel der Vereinheitlichung vorgenommen wird.
Diese Geschütze waren sämtlich auf dem Aufbaudeck postiert; damit sollten sie – schon mit Rücksicht auf ihr Bedienungspersonal – überkommendem Wasser entzogen werden. Die Bestreichungswinkel waren sehr groß. Die Geschütze waren so angeordnet, daß die beiden vorderen jeder Seite ab recht voraus feuern und Quadranten bestreichen konnten, die bis weit achterlich querab reichten. Sozusagen "spiegelbildlich" galt das für die jeweils achteren Geschütze einer jeden Seite. Verschossen wurden Sprenggranaten und Leuchtgranaten in Patronenform.
Vorteilhaft war die dreiachsige Stabilisierung; diese bewirkte unabhängig von den Eigenbewegungen des Schiffes das Einhalten der einfließenden Richt- und Schußwerte und erleichterte das Bekämpfen von Luftzielen. Es gab aber auch gravierende Nachteile:

1.) Die Bedienungsmannschaften fanden an ihrer Waffe keinen Schutz, weder gegen das Wetter noch gegen Bordwaffenbeschuß und Bombensplitter im Gefecht.
2. Die Munitionszuführung erfolgte nicht zentral beim Geschütz, sondern – wenn die in den dazugehörenden Spinden gestaute Bereitschaftsmunition (ca. 60 Schuß) verbraucht war – von Entnahmestellen der in die Aufbauten integrierten Munitionsförderern. Die Munition gelangte aus den Magazinen über Aufzüge nach oben. Diese Entnahmestellen waren für jeweils zwei Doppellafetten zusammengefaßt und zum Teil mehr als 15 m von ihnen entfernt. Für das Heranbringen der Munition zu den Geschützen waren "Munitionsmanner" erforderlich, die beim Schießen ständig auf dem freien Deck in Bewegung gehalten wurden.
3. Die Elektrik neigte zu häufigeren Störungen, bedingt durch eindringende Nässe infolge der offenen Bauweise.

Das Laden erfolgte von Hand, das Richten elektrisch und hilfsweise von Hand. Pro Doppellafette wurden bis zu 15 Mann Bedienungspersonal benötigt: Geschützführer (GF), Befehlsübermittler (BÜ), drei Richtnummern (Höhe, Seite, Kantwinkel), ein Entfernungseinsteller, zwei Bediener der Zünderstellmaschinen, vier Ladenummern und zwei bis drei Munitionsmanner.

Angaben zur 10,5 cm-SK C/33

Konstruktion:	Mantelrohr mit losem Seelenrohr
Verschlußart:	Fallkeil
Rohrlänge L/65:	6.840 mm
Seelenlänge:	6.349 mm
Rohrgewicht einschl. Verschlußstück:	4.560 kg
Zugzahl/-länge:	36 / 5.531 mm
Lebensdauer des Rohres:	2.950 Schuß

Ballistische Daten

Mündungsgeschwindigkeit (V_0):	900 m/sec
Schußweite horizontal:	17.700 m
Schußhöhe bei 80° Rohrerhöhung:	12.500 m
Konstruktionsdruck:	2.850 kg/cm^2

Weitere Daten

Lafette:	Drehscheibenlafette C/31 bzw. C/37, dreiachsig stabilisiert, gemeinsame Rohrwiege
Gewicht der Schutzschilde:	C/31: 6.130 kg; C/37: 5.270 kg
Lafettengewicht:	C/31: 27.350 kg; C/37: 26.425 kg
Rohrelevation:	C/31: +80° –8°; C/37: +80°–10°
Rohrkupplung:	gemeinsam
Abstand der Rohre:	715 mm von Seelenachse zu Seelenachse
Richtgeschwindigkeit:	Seite 8°/sec (C/37: 8,5°) elektrisch und 1,5°/sec per Hand Höhe: 1,33°/sec (C/37: 1,76°/sec)
Kadenz:	15 Schuß per Rohr und Minute
Munitionsvorrat:	Insgesamt 6.270 Schuß

Angaben zur Munition

		Sprenggranate	Leuchtgranate
Geschoßgewicht	kg	15,1	15,1
Geschoßlänge	mm	459	438
Ladungsgewicht	kg	5,2	
Ladungsart		FP 02	Treibladung + Leuchtsatz
Kartuschgewicht	kg	6	6
Gewicht der vollständigen Patrone	kg	26,5	23,5
Länge der vollständigen Patrone	mm	1.163	1.142
Zünderart		Zeitzünder	Zeitzünder

4. Leichte Flak

Die Abwehr von Flugzeugen in geringeren Höhen war Aufgabe der leichten Flak (lFlak). Diese bestand auf der BISMARCK aus standardmäßig eingeführten 3,7 cm-SK C/30 in Doppellafettierung. Ihre Positionen hatten sie seitlich der Aufbauten in unterschiedlichen Decksebenen, so daß für jede von ihnen ein optimaler Bestreichungswinkel garantiert war: Die beiden vorderen hatten ihre Plätze auf dem vorderen Aufbaudeck unmittelbar an der Brückenhausfront, die beiden nächsten zu beiden Seiten des Turmmastes in mehr als 20 m Höhe über Oberdeck und die beiden hinteren zu beiden Seiten des achteren Standes in 5,5 bzw. 2,8 m Höhe über Oberdeck. Diese lokal stabilisierte Waffe schoß dank ihrer langen Rohre sehr genau, mit ihr war erstmals die Mündungsgeschwindigkeit (V_0) auf 1.000 m/sec gebracht worden; unzureichend war jedoch die Kadenz.

Es handelte sich bei ihr um eine halbautomatisch arbeitende Waffe, d. h. beim Vorlauf öffnete sich der Verschluß und warf die Hülse aus. Laden und Richten war nur manuell möglich, letzteres über Handräder. Von der Bauart her war sie als Mittelpivotlafette (MPL) ausgelegt; ein Schutzschild war nicht vorhanden. Für das Horizontieren sorgte mit Unterstützung zweier Kreisel ein direkt auf die Lafettenkonstruktion wirkender Stabilisator. Die Kreisel erwiesen sich jedoch als unzureichend, weil sie mit heftigen Schiffsbewegungen nicht mitkamen. Darüber hinaus bewirkten Feuchtigkeit und Kälte als Folge der ungeschützten Bauweise oftmals Schwierigkeiten, weil sie zu Kurzschlüssen und anderen Störungen der Elektrik führten. Weitere Nachteile waren wie bei der Schweren Flak der fehlende Schutz für das Bedienungspersonal sowie die Art der Munitionsversorgung. Verschossen wurde Patronenmunition; je nach Bedarf Sprenggranaten oder Leuchtgranaten.

Angaben zur 3,7 cm-SK C/30

Verschlußart:	Fallkeil
Rohrlänge L/83:	3.074 mm
Seelenlänge:	2.960 mm
Rohrgewicht einschl. Verschlußstück	243 kg
Zugzahl/-länge:	16 / 2.554 mm
Lebensdauer des Rohres:	7.500 Schuß

Ballistische Daten

Mündungsgeschwindigkeit (V_0):	1.000 m/sec
Schußweite bei 35,7° Rohrerhöhung:	8.500 m
Schußhöhe bei 85° Rohrerhöhung:	6.800 m
Konstruktionsdruck:	4.540 kg/cm^2

Weitere Daten

Lafette:	Mittelpivotlafette (jedoch bezeichnet als "Doppellafette C/30"), dreiachsig stabilisiert, gemeinsame Rohrwiege
Lafettengewicht:	3.670 kg
Rohrelevation:	+85° –10°
Rohrkupplung:	Gemeinsam
Richtgeschwindigkeit:	Höhe 3°/sec, Seite 4°/sec
Kadenz:	80 Schuß pro Rohr und Minute, in der Praxis jedoch nur 30–40
Munitionsvorrat:	Insgesamt 32.000 Schuß

Angaben zur Munition:

Geschoßgewicht	0,742 kg
Geschoßlänge	162 mm
Ladungsgewicht/-art	0,365 kg / FP 02
Hülsenlänge	381 mm
Patronenlänge	516,5 mm
Treibladung	RP C/32
Patronengewicht	2,1 kg
Zünder	Kopfzünder

5. Fla-Maschinenwaffen

Den Fla-Maschinenwaffen (FlaMW) war die Abwehr von tieffliegenden Flugzeugen zugewiesen. Hierfür standen 20 Rohre zur Verfügung. Bei der Mehrzahl handelte es sich um die als solche bezeichneten 2 cm-MG C/30 in Einzelaufstellung. Schon bei Kriegsbeginn waren diese nicht mehr zeitgemäß; das zu diesem Zeitpunkt noch in der Erprobung befindliche 2 cm-MG C/38 sollte es ablösen.
Für die BISMARCK standen diese jedoch noch nicht zur Verfügung, so daß zwölf 2 cm-MG C/30 in Mittelpivotlafetten (MPL) C/30 eingebaut werden mußten. Es war jedoch vorgesehen, diese so bald als möglich auszuwechseln.
Diese Waffe hatte keinen Schutzschild, so daß das Bedienungspersonal völlig ungeschützt war. Außer Gebrauch wurde die Waffe zum Schutze gegen Feuchtigkeit und Kälte durch eine Persenning abgedeckt. Sie verschoß von Magazinen zugeführte Munition, deren Hülsen in einem Hülsenfangsack aufgesammelt wurden. Dem Richtschützen gab ein Schulterbügel Halt und Bewegungsfreiheit zugleich, ihm oblag in dieser Haltung das Richten nach Seite und Höhe und das Betätigen des Abzuges. Mit einem Handrad ließ sich die Lafette hochkurbeln, um die für seine Körperhaltung vorteilhafte Höhe zu erhalten. Andere Hilfsmittel zur Betätigung von Laden und Richten gab es nicht.
Gegen Ende April 1941 wurden in Gotenhafen noch zwei 2 cm-Flak C/38 in Vierlingslafette C/38 eingebaut, die von der Firma Mauser entwickelt worden waren. Diese Waffe war ganz neu und vereinigte auf einer gemeinsamen Lafettenkonstruktion vier 2 cm-MG C/38. Einen Schutzschild besaßen diese beiden Waffen nicht. Zu beiden Seiten gab es Sattelsitze für die beiden Richtschützen, welche mit elektrischer Übertragung Seite und Höhe einstellen konnten. Das Zielen erfolgte durch eine aus dem Flakvisier 40, dem Linearvisier 21 und dem Schwebekreisvisier 30/38 bestehende, fest mit der Waffe verbundene Zielmittel-Kombination.

Angaben zum 2 cm-MG C/30

Rohrlänge L/65:	1.300 mm
Verschlußlänge:	950 mm
Rohrgewicht einschl. Verschlußstück:	64 kg
Zugzahl/-länge:	8 / 720 mm
Lebensdauer des Rohres:	22.000 Schuß
Rohrrücklauflänge:	44 m

Ballistische Daten

Mündungsgeschwindigkeit (V_0):	835 m/sec
Schußweite bei 0° Rohrerhöhung:	4.900 m
Schußhöhe bei 85° Rohrerhöhung:	3.700 m
Konstruktionsgasdruck:	2.800 kg/cm^2

Weitere Daten

Lafette:	Mittelpivotlafette (auch als "Sockellafette" bezeichnet)
Gewicht der gesamten Waffe:	420 kg
Munitionszuführung:	20 Schuß-Magazine
Rohrelevation:	+85° –10°
Kadenz:	280 Schuß pro Minute theoretisch, praktisch ca, 120 Schuß/Minute

Angaben zur 2 cm-Flak C/38 in Vierlingslafette C/38

Rohrlänge L/65:	1.300 mm
Verschlußlänge:	950 mm
Rohrgewicht einschl. Verschlußstück:	57,5 kg
Zugzahl/-länge:	8 / 720 mm
Lebensdauer des Rohres:	ca. 22.000 Schuß
Rohrrücklauflänge:	53 mm

Ballistische Daten

Mündungsgeschwindigkeit (V_0):	835 m/sec
Schußweite bei 0° Rohrerhöhung:	4.900 m
Schußhöhe bei 85° Rohrerhöhung:	3.700 m
Konstruktionsgasdruck:	2.800 kg/cm^2

Weitere Daten

Lafette:	Mittelpivotlafette
Gewicht der gesamten Waffe:	2.150 kg
Munitionszuführung:	20 Schuß-Magazine
Rohrelevation:	+85° –10°
Kadenz:	Theoretisch 4 x 450 Schuß = 1.800 Schuß pro Minute, praktisch jedoch nur bis 4 x 200 Schuß = 800 Schuß
Magazingewicht mit 20 Patronen:	9,5 kg
Munitionsvorrat:	Insgesamt 32.000 Schuß

Angaben zur Munition *)

Geschoßgewicht:	134 g
Geschoßlänge:	78,5 mm
Ladungsgewicht:	39,5 g
Patronenlänge:	203 mm
Patronengewicht:	320 g
Zerlegergrenze:	2.200 m

*) Die Munition konnte sowohl aus dem 2 cm-MG C/30 wie auch aus dem 2 cm-MG C/38 verschossen werden.

Modellaufnahme eines 38 cm-Turmes von rechts gesehen.

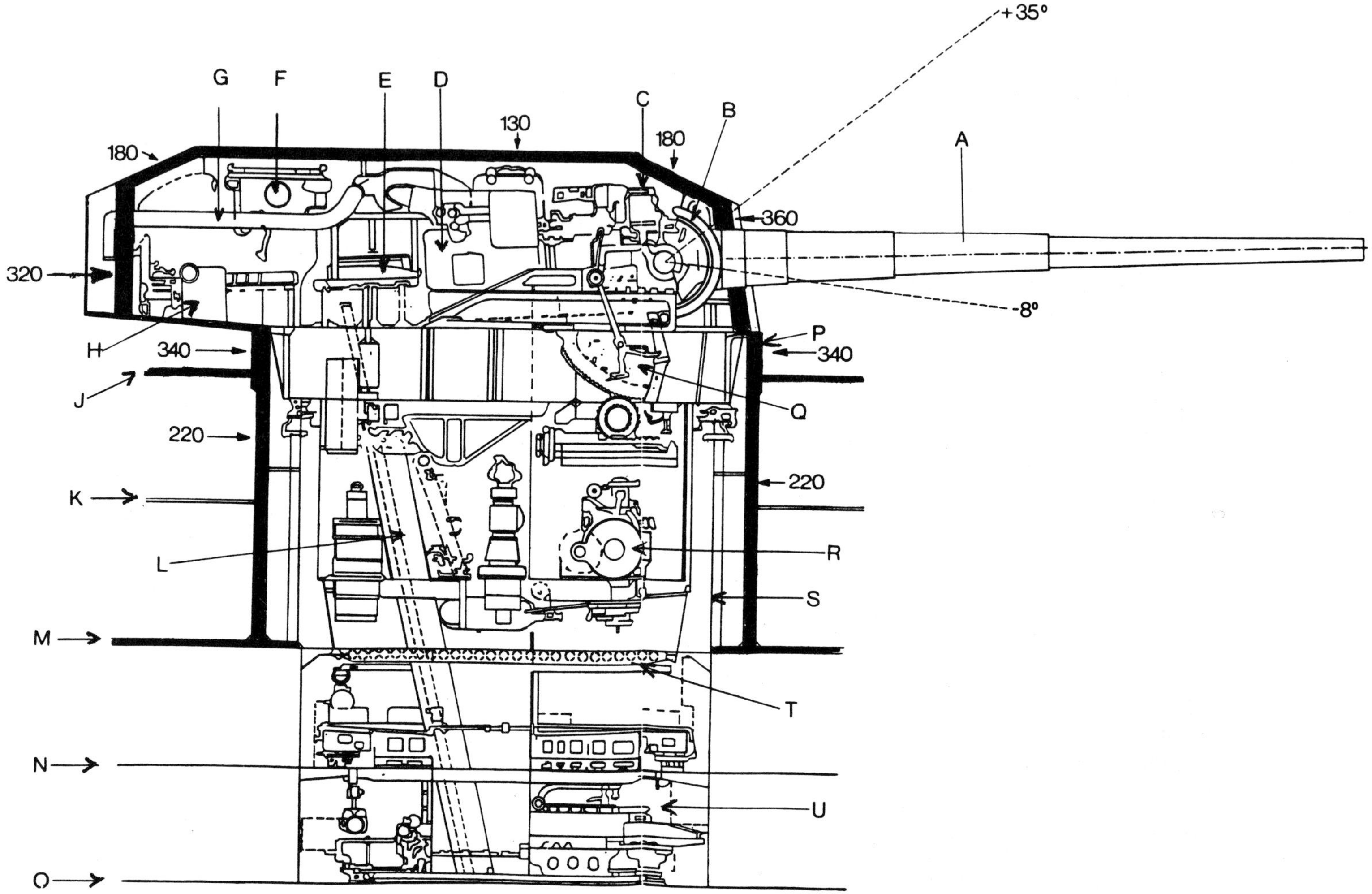

38 cm-Turm C/34 im Schnitt. Die Ziffern geben die Panzerdicken in Millimetern an. Es bedeuten: A = Geschützrohr, B = Schartenblende, C = Visiereinrichtung, D = Verschluß, E = Lademulde, F = 10,50 m-E-Meßbasis, G = Rauchabsorber, H = Hydraulischer Ansetzer, J = Oberdeck, K = Batteriedeck, L = Munitionsaufzug, M = Panzerdeck, N = Oberes Plattformdeck, O = Mittleres Plattformdeck, P = Barbette, Q = Höhenrichtkranz, R = Hydrauliksystem, S = Stützzylinder, T = Schwenklager, U = Geschoßumladeraum.

Die beiden vorderen 38 cm-Türme . . .

. . . und die beiden achteren Türme. Dieses Bild entstand im letzten Stadium der Ausrüstungsarbeiten; offenbar geht hier gerade ein Schichtwechsel des Werftpersonals vonstatten.

Turm "Bruno". Blick auf die Barbette mit den Lüfterschächten. Der Turm ist nach Backbord geschwenkt.

Die beiden vorderen Türme genau von vorn. Diese Aufnahme ist im April 1941 bei einer Ausbildungsfahrt in der Ostsee entstanden.

Turm "Bruno" mit Blick auf Barbette und Lüfterschächte. Hier liegt das Schiff noch an der Ausrüstungspier seiner Bauwerft.

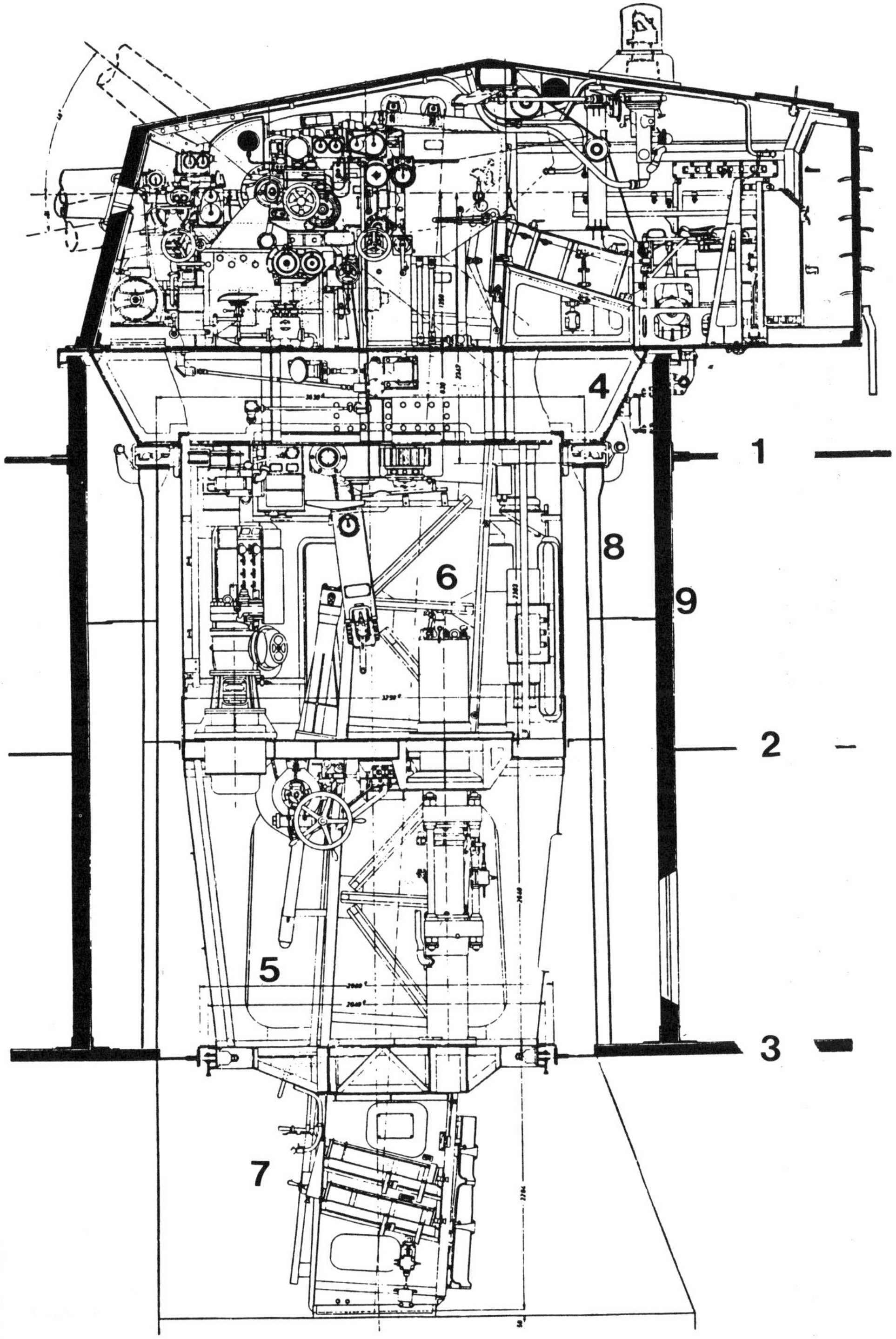

Schnitt durch einen 15 cm-Turm. Es bedeuten: 1 = Oberdeck, 2 = Batteriedeck, 3 = Panzerdeck, 4 = Schwenklager, 5 = Zwischenplattform, 6 = Maschinenplattform, 7 = Beladeraum, 8 = Stützzylinder, 9 = Barbette.

Blick auf den mittleren 15 cm-Turm der Steuerbordseite. Nur dieser und sein Gegenstück auf der Backbordseite hatten eine E-Meßbasis, deren Haube hier gut zu erkennen ist.

Das "Reduit" des steuerbordachteren 15 cm-Turmes. Solche Plätze waren bei dem Aufbaudeck ausgespart worden, um die Türme der Mittelartillerie aufstellen zu können.

Der steuerbordachtere 15 cm-Turm; rechtes Rohr aufgerichtet, linkes Rohr in Nullstellung.

Oben links: Blick auf den steuerbordmittleren 15 cm-Turm. Im Vordergrund die Barring für den Steuerbord-Bereitschaftskutter. Beachtenswert ist die künstlich hergestellte verkantete Lage der vordern 10,5 cm-Doppelflak dieser Seite.

Die steuerbordachtere 10,5 cm-Doppelflak C/37.

Die backbordachtere 10,5 cm-Doppelflak C/37.

Die zweite 10,5 cm-Doppelflak C/33 der Steuerbordseite mit aufgerichtetem Rohrpaar. Zwei Männer der Geschützbedienung vor der Zünderstellmaschine.

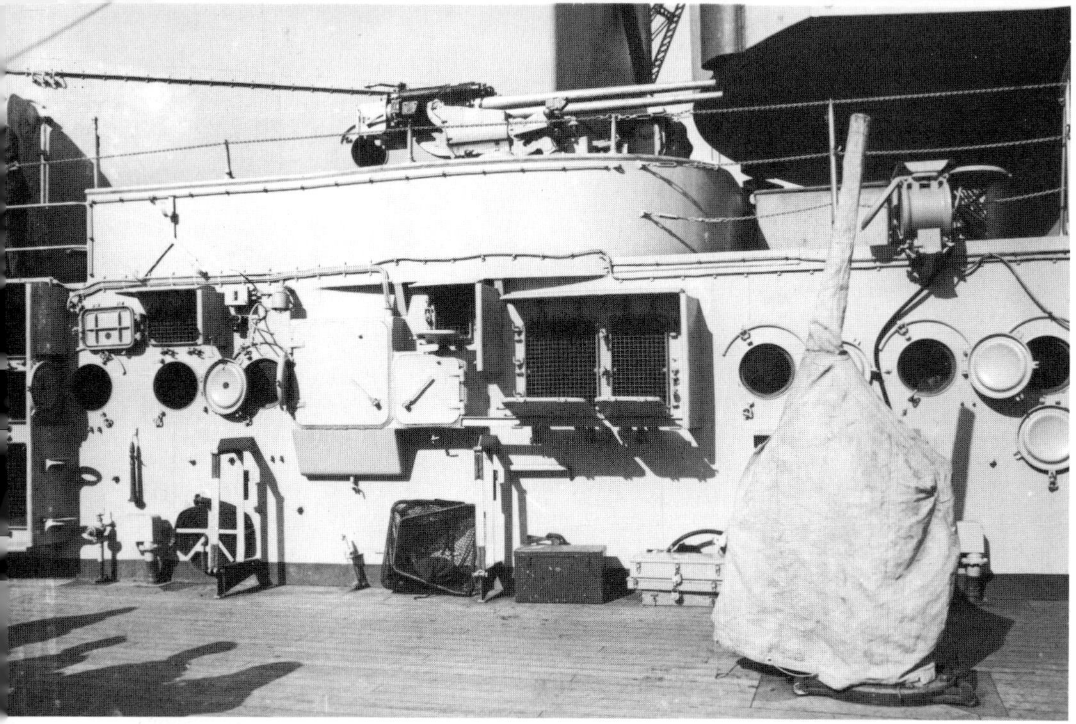

Links: Die steuerbord-vorderen leichten Fla Waffen: Auf dem Aufbaudeck eine 3,7 cm-Doppelflak, deren ungewöhnlich langen Rohre hier gut zu sehen sind. Auf dem Oberdeck eine mit einer Persenning abgedeckte 2 cm-Flak C/30. Rechts oben ist der Turm "Bruno" erkennbar.

Blick auf einen der Flak-Leitstände seitlich des Turmmastes. Davor eine mit einer Persenning bezogene 2 cm-Flak.

An der backbordachteren 3,7 cm-Doppelflak bei der Ausbildung.

WAFFENLEITANLAGEN

Die Feuerleitung sowohl der Schweren Artillerie wie auch der Mittelartillerie erfolgte grundsätzlich zentral. Bei entsprechendem taktischem Bedarf und anderen Gegebenheiten konnte sie für den vorderen und hinteren Bereich geteilt werden. Die schweren Türme waren so ausgestattet, daß sie mit eigenen Feuerleitmitteln ihre Ziele unter Beschuß nehmen konnten. Bei der Mittelartillerie war eine selbständige batterieweise Führung möglich; die Leitung erfolgte dann von dem jeweiligen mittleren Turm einer Seite aus.
Für die Schwere Artillerie und die Mittelartillerie gab es drei Artillerieleitstände, es waren dies:
– der Haupt-Artillerieleitstand,
– der vordere Artillerieleitstand,
– der achtere Artillerieleitstand.

Haupt-Artillerieleitstand und vorderer Artillerieleitstand waren mit drei Zielgebern (ZG C/38 S), der achtere Artillerieleitstand mit zwei solchen ausgestattet. Von ihnen aus führten Periskop-Optiken durch die gepanzerten Decken. Je zwei weitere ZG C/38 S hatten ihre Positionen vorn und achtern in den Nachtleitständen; dort befand sich auch jeweils ein Leitgerät zum Einsatz von Leuchtgranaten.
Zur Entfernungsmessung standen für Schwere Artillerie und Mittelartillerie zur Verfügung:
– Fünf 10,5-m-Basisgeräte (BG),
– ein 7-m-Basisgerät,
– zwei 6,5-m-Basisgeräte.

Von den fünf 10,5 m-BG befanden sich zwei unter Drehhauben, das eine auf dem Vormars, das andere auf dem achteren Kommandostand. Der Einbau dieser beiden Geräte hatte sich lange verzögert und erfolgte erst im Oktober oder November 1940. Die anderen drei 10,5 m-BG hatten ihre Positionen in den Türmen "Bruno", "Cäsar" und "Dora" der Schweren Artillerie. Ursprünglich hatte auch der Turm "Anton" ein solches BG. Dieses ist jedoch – vermutlich im März oder April 1941 – ausgebaut worden, die Haubenöffnungen wurden durch Panzerplatten dichtgesetzt. Ihren Grund hatte diese Maßnahme in den schlimmen Erfahrungen der Schlachtschiffe SCHARNHORST und GNEISENAU während des Atlantikunternehmens "Berlin" zu Jahresanfang 1941. Hierbei war es bei schwerer See zu Wassereinbrüchen durch die Entfernungsmeßhauben gekommen, die im Turm beträchtliche Störungen hervorriefen. Die in den schweren Türmen montierten 10,5 m-BG hatten einen begrenzten Schwenkbereich von ca. 10° in beide Richtungen. Die Drehhauben der auf dem Vormars und auf dem achteren Kommandostand aufgebauten Basisgeräte bedeckten eine Grundfläche von etwa 6 x 4,5 m und hatten einen zylindrischen, im Durchmesser ca. 2,40 m messenden Unterbau, in dem das Schwenkwerk untergebracht war.
Auch das 7 m-BG (das als letztes im Frühjahr 1941 eingebaut wurde) war in einer Drehhaube untergebracht; dieses hatte seine Position auf dem vorderen Kommandostand. Die beiden 6,5 m–BG waren in den Türmen "Backbord II" und "Steuerbord II" der Mittelartillerie untergebracht und waren ähnlich wie jene in den schweren Türmen in einem begrenzten Maß schwenkbar.

Der Haupt-Artillerieleitstand befand sich im Vormars. Als solcher bezeichnet wurde der obere Abschluß des Turmmastes. Von hier aus führte der Erste Artillerieoffizier (I.AO). Die von den Zielgebern gemessenen Seiten- und Höhenrichtwerte und die von den Basisgeräten gemessenen Zielentfernungen gingen an die tief im Zitadellbereich befindlichen Artillerie-Rechenstellen. Dort wurden die Schießunterlagen und -werte automatisch errechnet und an die einzelnen Türme weitergeleitet. Beim Ausfall des Haupt-Artillerieleitstandes konnte die zentrale Feuerleitung sowohl vom vorderen wie auch vom achteren Artillerieleitstand aus erfolgen; diese Stände waren in den vorderen bzw. achteren Kommandostand integriert.
Für die Schwere Flak standen vier dreiachsig stabilisierte SL-8-Fla-Leitstände (SL stand für "Stabilisierter Leitstand") zur Verfügung. Ihre Bezeichnungen lauteten "A" (Steuerbord vorn), "B" (Backbord vorn), "C" und "D". Jeder von ihnen verfügte über ein Horizontalrichtgerät mit 4 m-BG; dieses maß nicht nur die Entfernung im Ziel, sondern übernahm auch die Wertewandlung bei der Schießdatenübermittlung an die Geschütze. Ein charakteristisches Merkmal für diesen auf einem 5 m hohen und im Durchmesser 2,75 m großen zylindrischen Sockel aufgesetzten Leitstand war seine halbkugelähnliche Haube als Wetter- und Splitterschutz. Ihrer dreiachsigen Stabilisierung wegen wurde dieser Leitstand im Marinejargon als "Wackeltopf" bezeichnet. Die beiden vorderen Leistände waren in ca. 11 m Höhe über Oberdeck flankierend von den Brückenaufbauten angeordnet; das dritte hatte in etwa gleicher Höhe seine Position hinter dem Großmast und das vierte – in nur 7,30 m Höhe über Deck – unmittelbar hinter dem achteren Kommandostand. Den beiden achteren SL-8-Leitständen fehlten die Schutzhauben. Diese hatten sich bis zuletzt nicht beschaffen lassen.
Wie bei der SA und der MA erfolgte auch bei der Schweren Flak die zentrale Feuerleitung im Prinzip aus dem Haupt-Artillerieleitstand; auf der Vormarsgalerie – außerhalb des Standes – standen hierfür vier Zielanweisegeräte (ZAG) zur Verfügung. Als Reserveleitstände dienten der vordere und der achtere Nachtleitstand. Wie bei der Seezielartillerie wurden die Meßdaten an die vier SL-8-Leitstände weitergeleitet, gingen von dort aus zu den Fla-Rechenstellen und kamen schließlich über den Befehlsübermittler (BÜ) an die Geschütze.
Für den Nachteinsatz befanden sich auf der Admiralsbrücke in seitlichen Positionen zwei 3 m-Nacht-Entfernungsmeßgeräte, die mittels einer Haube vor Wetter und Splitter geschützt waren. Diese beiden Geräte standen für das Nachtgefecht zur Verfügung.
Für die leichten FlaWaffen gab es keine zentrale Feuerleitung. Die Zielvorgaben wurden über den Befehlsübermittler an sie geleitet, für das Messen der Entfernungen standen acht 1,25 m-BG zur Verfügung; diese waren transportabel und wurden von einem Mann getragen und bedient; der Geschützbedienung hatte er die Entfernungswerte laufend zuzurufen.
Als Hilfsmittel der Artillerieleitung dienten große, leistungsstarke Scheinwerfer, sieben an der Zahl, mit einem Spiegeldurchmesser von 1,50 m. Ihre Positionen hatten sie am Turmmast unterhalb vom Vormars, rund um den Schornstein und zu beiden Seiten der Flugzeughalle 1. Geleitet wurden sie von sechs Scheinwerferrichtgeräten (SRG); von diesen waren vier im vorderen und zwei im achteren Nachtleitstand aufgestellt. Mit Hilfe dieser Geräte ließen sich die Scheinwerfer richten und betätigen. Erwähnenswert sind die Schutzhauben für die vorderen Scheinwerfer des Schornsteines. Diese Hauben hatten die Form einer hohlen Viertelkugel und konnten nach unten weggeklappt werden, wenn der Scheinwerfereinsatz befohlen wurde.

Die achtere Drehhaube mit 10,50 m-E-Meßbasis und Funkmeßgerät FuMO 23. Die Aufnahme erfolgte vom steuerbordachteren Scheinwerferstand aus.

Achterer Kommandostand mit E-Meß-/Funkmeß-Drehhaube. Am unteren Bildrand der Zugang von außen mit dem hier offenstehenden Panzerschott. Im Vordergrund ein Schaltkasten.

Der achtere SL-8-Fla-Leitstand mit der ungeschützt plazierten 4 m-E-Meßbasis.

Der sich an den Großmast anschließende SL-8-Fla-Leitstand von backbordachtern gesehen. Im Vordergrund Rettungsflöße.

Der backbordvordere, mit einer halbkugelförmigen Kalotte ausgestattete SL-8-Fla-Leitstand. Links unten die Rohre der backbordvorderen 10,5 cm-Doppelflak.

FUNKMESS- UND UNTERWASSER-ORTUNGSEINRICHTUNGEN

Zusätzlich zu den herkömmlichen optischen Feuerleitmitteln standen drei Funkmeßortungsgeräte (FuMO) zur Verfügung, die seinerzeit als "Seetakt"-Geräte bezeichnet wurden. Es handelte sich um drei FuMO-23-Antennen; montiert waren sie jeweils an der Vorderseite der großen BG-Drehhauben auf dem vorderen Kommandostand, dem Vormars und dem achteren Kommandostand. Wegen ihrer charakteristischen Form wurde im Bordjargon von ihnen von "Matratzen" gesprochen. Die FuMO-23-Antenne hatte Rechteckform und Abmessungen von ca. 2 m Höhe und 4 m Breite und war eng "gegittert". Ihre Frequenz betrug 368 Mega-Hertz (MHz), sie arbeitete auf einer Wellenlänge von 81,5 cm, erreichte eine Abgangsleistung von 9 kW und hatte 500 Kilo-Hertz (kHz). Die Meßreichweite lag bei etwa 13,5 Seemeilen (ca. 25.000 m).

Drei jeweils paarig angeordnete, jeweils an den Außenkanten geknickte Blechstreifen unterhalb vom Vormars werden verschiedentlich als Bestandteile der Funkmeßausrüstung gedeutet und als Dipole angesprochen. Hierfür hat es bisher keine Bestätigung gegeben. Eine gleiche Installation scheint es auf keinem Schiff der Kriegsmarine (auch nicht auf dem Schwesterschiff TIRPITZ) gegeben zu haben, sie war wohl einmalig. Es ist daher möglich, daß es sich um eine vorbereitende bauliche Maßnahme etwa im Rahmen eines Truppenversuches für funkmeßtechnisches Gerät gehandelt hat und dazu dienen sollte, eine Antenne – etwa eines Funkmeßbeobachtungsgerätes (FuMB) – erst noch aufzunehmen. Dies ist umso wahrscheinlicher, als diese als Halterungen zu deutenden Bauelemente sehr frühzeitig – lange vor der Indienststellung – vorhanden waren, zu einem Zeitpunkt also, zu dem üblicherweise Geräte dieser Art noch lange nicht installiert wurden.

Auf BISMARCK scheinen zwei unabhängige Unterwasserortungssysteme vorhanden gewesen sein. Das eine war das Gruppenhorchgerät (GHG), das zur Ortung hauptsächlich von Ubooten entwickelt worden war und während der Dockzeit im Juni/Juli 1940 bei Blohm & Voß eingebaut wurde. Dieses GHG bestand aus zwei Gruppen – an jeder Seite eine – von Unterwassermikrophonen, mit denen Schrauben- und Maschinengeräusche von Ubooten, aber auch von Überwasserschiffen und Torpedos genau anzupeilen waren. Daneben scheint auch eine NHG-Anlage vorhanden gewesen zu sein, welche zur Torpedoerkennung und -verfolgung diente und in einem Frequenzbereich arbeitete, der dem "summenden" Antriebsgeräusch entsprach, wie es von Torpedos entwickelt wird. [1]

[1] "NHG" war ein nichtssagendes Kürzel, das als Tarnbezeichnung für diese Anlage benutzt wurde.

Ein Blick genau von vorn auf den Turmmast. Im Vordergrund die beiden an jeder Seite abgeknickten Eisenblechstreifen unterhalb des vorderen Scheinwerfers. Am unteren Bildrand ist die Admiralsbrücke zu sehen. Diese Aufnahme entstand am 11. September 1940.

DIE BORDFLUGZEUG-EINRICHTUNGEN

Die Schlachtschiffe der BISMARCK-Klasse waren zur Mitnahme von jeweils vier Bordflugzeugen eingerichtet.[1)] Zu ihrer wettersicheren Unterbringung waren drei Hangars vorhanden; es waren dies zwei Bereitschaftshangars ("Flugzeughalle 2" an Backbord und "Flugzeughalle 3" an Steuerbord) und ein Haupthangar ("Flugzeughalle 1"). Die Bereitschaftshangars befanden sich zu beiden Seiten des Schornsteines. Ihre Grundfläche belief sich, ausgehend von Abmessungen von ca. 12 x 5 m, auf rund 60 m^2 und entsprach damit den Abmessungen einer Ar-196 mit abgenommenen Tragflächen. Das Hangartor hatte in seiner Mitte Scharniere, so daß die jeweils dem Schornstein zugewandte Hälfte gegen die andere Hälfte geklappt werden konnte, wenn diese – auf einer Viertelkreisbahn nach außen laufend – geöffnet wurde. Das Dach des Bereitschaftshangars war wie bei einem Haus giebelförmig gestaltet, so daß darauf – der Höhe nach gestaffelt – jeweils drei Beiboote auf Klampen abgestellt werden konnten. Die ca. 13 m weiter achtern aufgebaute, in der Grundfläche einem Trapez angenäherte "Flugzeughalle 1" hatte eine Länge von ca. 12 m und war an ihrer Vorderseite etwas über 12 m und an der Hinterseite knapp 10 m breit; dies ergab eine Grundfläche von rund 120 m^2. Daraus wird, entgegen allen anderslautenden Angaben, deutlich, daß in ihr nicht vier, sondern nur zwei Ar-196 eingestellt werden konnten. An der Vorderseite verlief die Hangarfront leicht konvex; das bedingte das Einbringen der Flugzeuge in einem Winkel von jeweils etwa 10° zur Hangarlängsachse, so daß sie mit ihren Schwimmern dicht an dicht standen, während ihre Leitwerke ca. 1,70 m voneinander entfernt waren. In dieser Lücke befanden sich ein Spind für Fallschirme und ein Arbeitstisch zum Packen der Fallschirme. Durch die Hallenmitte führte das im Durchmesser etwa 0,70 m messende Mastrohr des Großmastes, ohne daß dieses für die abzustellenden Flugzeuge Probleme brachte. Aus allen drei Hallen heraus führten Spurrillen von etwa 2,40 m Weite; diese endeten unmittelbar am Schleuderbereich. Auf ihnen wurde das Bordflugzeug bis zur Schleuder gerollt, um dann mit Hilfe eines der beiden Klappgalgenbäume auf sie umgesetzt zu werden. Diese Klappgalgenbäume hatten ihre Positionen unterhalb des den Schornstein umgebenden Plattformkranzes und wurden außer Gebrauch unter diesen geschwenkt.

Mit der Schleuderanlage konnte nach beiden Seiten geschossen werden. Dies ist jedoch nicht in dem Sinne zu verstehen, daß sie wechselweise nach der einen oder anderen Seite eingesetzt werden konnte. Sie bestand vielmehr aus zwei getrennt hintereinander, gegenläufig angeordneten und in einer U-förmigen Decksausnehmung fest eingebetteten Einweg-Katapulten, von denen das eine nach Steuerbord und das andere nach Backbord schleudern konnte. Zum Katapultieren wurde die jeweilige Schleuder zusammen mit dem startbereiten Bordflugzeug soweit nach querab hinausgeschoben, daß der Überhang über die Bordkante 3 m betrug. Das Verschieben besorgte eine Hydraulik. Außer Gebrauch wurden die Schleuderbahnen durch Bleche abgedeckt.

Verwendet wurden die von den Deutschen Werken in Kiel stammenden Katapulte von 14,60 m Länge, wie sie auf allen großen Einheiten der Kriegsmarine – jedoch auf Drehsockel – eingebaut worden waren. Betrieben wurden sie mit Druckluft. Es waren keine Zweiwegschleuder oder Doppelkatapulte, wie sie als solche im Fachschrifttum verschiedentlich bezeichnet werden. Solche waren zwar vorgesehen, und zwar im Zusammenhang mit dem Neuarrangement der Flugzeughallen. Hierzu sind von kompetenter Seite Einzelheiten berichtet worden:[2)]

"Von mir wurde der Vorschlag gemacht, im Anschluß an die Mittschiffsaufbauten eines Schlachtschiffes Schutzräume für vier Flugzeuge vorzusehen und auf dem Achterdeck eine Schleuder aufzubauen, die sowohl nach Steuerbord als auch nach Backbord katapultieren konnte. Die Flugzeuge sollten mit beigeklappten Tragflächen in der Halle – jedes auf einem eigenen Startwagen – stehen, über Laufschienen mittschiffs in die Schleuder eingefahren und über einen Drehteil nach der gewünschten Startrichtung gedreht werden, nach zwei Seiten, um damit – ohne wesentliche Kursänderung des Schiffes die günstigste Gegenwindkomponente zu erreichen. Also eine Zweiwegschleuder. Für diese Zweiwegschleuder hatte ich bereits 1938 einen Patentschutz eingereicht.

Die Marine war sehr daran interessiert, die Zweiwegeschleuder für zwei im Bau befindliche Schlachtschiffe, soweit erinnerlich "Tirpitz" und "Bismarck", einzusetzen.

Die Firma Heinkel, die den Bauauftrag erhielt, war jedoch nicht in der Lage, Konstruktion und Bau termingerecht durchzuführen. Die Schleuder selbst wurde jedoch gebaut und sollte zur Erprobung auf unserem Dock aufgebaut werden. BT hat am Dock hierfür noch zusätzliche Auftriebtanks einbauen lassen.

Durch das Kriegsende kam es jedoch nicht mehr zum Aufbau auf dem Dock und damit auch nicht mehr zur Erprobung."

Zum Wiedereinsetzen der direkt neben dem Schiff gewasserten Bordflugzeuge stand an jeder Schiffsseite ein Bordkran zur Verfügung, der auch zur Handhabung der Beiboote genutzt wurde.

Beim Unternehmen "Rheinübung" hatte die BISMARCK vier Ar-196 an Bord (Kennungen: T3+IH, T3+AK, T3+DL und T3+MJ). keine von diesen ist dabei noch zum Einsatz gekommen.[3)]

---

1) Weder BISMARCK noch TIRPITZ waren zur Mitnahme von sechs Bordflugzeugen eingerichtet. Zwar hätten auf ihnen so viele Flugzeuge abgestellt werden können (vier in den Hallen und zwei auf den Schleudern), doch wäre damit nichts gewonnen gewesen, weil ein kontinuierlicher Startbetriebsablauf und Wiederanbordnehmen infolge Überbelegung nur schwerlich möglich gewesen wäre.

2) Erich Voß, Katapulte (in: "E-Stelle See Travemünde", Band 3, S. 239 ff.).

3) Hümmelchen, "Die deutschen Seeflieger 1939-1945", S. 105.

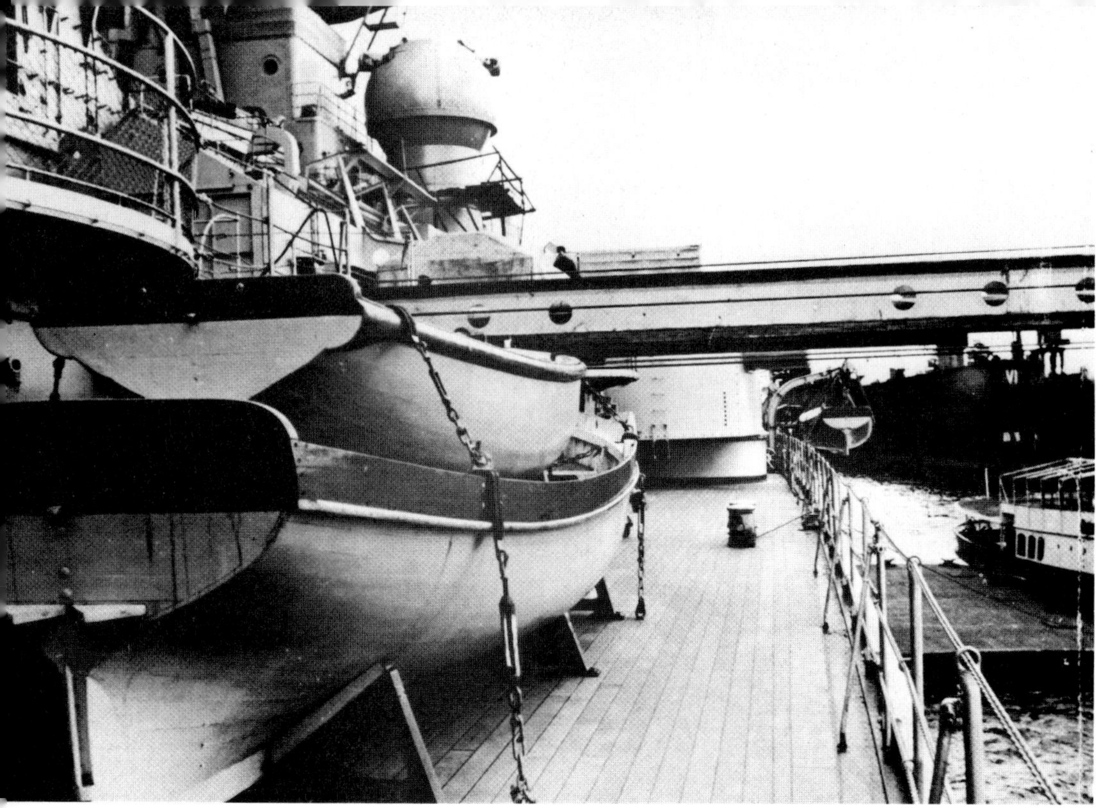

Die ausgefahrene Backbord-Flugzeugschleuder von oben gesehen. Gut erkennbar sind die Abdeckbleche, die den Verkehr an Deck über die Schleuderbahn erleichtern sollten. Für den Startbetrieb wurden sie abgenommen.

Oben links: Die Steuerbord-Flugzeugschleuder in ausgefahrener Stellung.

Eine Ar-196 auf der Schleuderbahn. Dieses Bild wurde auf dem Schwesterschiff TIRPITZ aufgenommen.

ie Backbord-Flugzeugschleuder von der Seite gesehen. Gut sichtbar sind der Startwagen auf
r Schleuder, der am Schornstein installierte Flugzeugumsetzkran und die Flugzeughalle 1,
ren Schiebetor offensteht. Unterhalb des Schleuderdecks verläuft ein Durchgang zur
euerbordseite.

ben rechts: Die Flugzeughalle 1. Zum Zeitpunkt dieser Aufnahme war erst das Backbord-
hiebetor installiert.

echts: Die Flugzeughalle 2 an der Backbordseite. Gut erkennbar ist die viertelkreisförmige
urrille an Deck, die dem Hangartor beim Öffnen Führung gibt.

Der Steuerbord-Bordkran. Ausleger hier zur Behebung einer Störung auf einen Stapel von Holzbohlen abgesenkt. Ganz links ist die Steuerbord-Flugzeugschleuder erkennbar. Das Bild entstand im Januar oder Februar 1940.

Der Drehsockel eines der beiden Bordkrane. Eine Steigleiter führt zur Bedienungsplattform.

AUSRÜSTUNG

Zum Ankern standen drei Bug- und ein Heckanker zur Verfügung; bei ihnen handelte es sich ausnahmslos um Hall'sche Patentanker. Von den Bugankern wurde einer in einer Stevenklüse und die beiden anderen in Bügelklüsen an Oberdeck gefahren. Der an der Backbordseite geführte Heckanker war in einer herkömmlichen Klüse untergebracht. Betätigt wurden die Anker durch zwei Bugspills und ein Heckspill.
Beeindruckend war die Ausrüstung mit Beibooten. Es waren nicht weniger als 15 an Bord:
3 Admirals- und Kommandantenboote
4 Verkehrsboote
1 Motorbarkasse
2 Motorpinassen
2 Kutter
2 Dingis
2 Jollen

Für sie alle war es geglückt, in raumsparender Weise Plätze zu schaffen. Hierzu wurden hauptsächlich die Dachkonstruktionen der drei Flugzeughallen ausgenutzt. Auf ihnen waren Klampen aufgeschweißt, auf denen sie festgezurrt wurden. Vorteilhaft war dabei auch, daß alle Beiboote so abgestellt werden konnten, daß ihre Handhabung mit den beiden Bordkränen möglich war, die auch die Bordflugzeuge umsetzten. Auf diese Weise waren die beiden noch auf der SCHARNHORST-Klasse vorhandenen separaten Bootskräne eingespart worden. Die vier Verkehrsboote hatten ihre Abstellplätze auf dem Dach der Flugzeughalle 1, die beiden Kutter hingen im Bereitschaftszustand in ihren Davits jeweils zwischen den beiden vorderen 15 cm-Türmen (im "Klarschiff"-Zustand mußten sie aus ihren Davits genommen und quer zur Flugzeughalle 1 an Deck abgesetzt werden), und die meisten übrigen Boote waren auf die Dachkonstruktion der Flugzeughalle 2 und 3 verteilt. Lediglich je eine Jolle mit einem darauf abgestellten Dingi hatten ihre Abstellplätze beiderseits an Oberdeck und zwar im Bereich der Schleuderanlagen.
Von einer ganz neuen Konstruktion waren die beiden großen Bordkräne. Sie hatten bei größter Auslage noch etwa 4 t Hubvermögen und wurden elektrisch betätigt. Außer Gebrauch ruhte jeder Ausleger auf einem eigenen am Turmmast in Höhe der Admiralsbrücke befindlichen Kranaufleger. Jeder Bordkran hatte einen etwa 330° messenden Arbeitsbereich.
Für Ausbildungszwecke standen zwei Exerzierkanonen zur Verfügung. Ihre Plätze hatten diese an Oberdeck zwischen den beiden achteren schweren Türmen; das Backbordgerät war für 15 cm-, das Steuerbordgerät für 10,5 cm-Exerziermunition eingerichtet.
Gegen Minen mit magnetischen Zündsystemen war das Schiff durch eine Mineneigenschutzanlage (MES) geschützt. Diese bestand aus einer Anzahl von Kabeln die – um das Schiff herumlaufend – unter der Unterkante des Seitenpanzers gedeckt verlegt waren. Mit ihr sollte das vom eigenen Schiff erzeugte Magnetfeld soweit herabgesetzt werden, daß die magnetischen Zündsysteme gegnerischer Torpedos und Minen nicht mehr ansprechen.
Die BISMARCK verfügte auch über ein Bugschutzgerät, das an einer schräg aus einer Öffnung des Vorstevens nahe dem Kiel ausgefahrenen Halte- und Führungsspier gefahren wurde.
Für den Hafenliegerbetrieb waren je zwei Backspieren im Vorschiff und im Achterschiff sowie an jeder Seite zwei Fallreeps bestimmt.

Blick auf den Plattformkran des Schornsteines mit dem hinteren Scheinwerfer an der Steuerbordseite; unterhalb davon der Steuerbord-Flugzeugumsetzkran.

Der vordere, unterhalb der Vormarsgalerie postierte Scheinwerfer. Am Bildrand rechts sieht man das unter einer Persenning verborgene Rohr einer der beiden 2 cm-Flak C/30, die auf der beiderseits auskragenden Plattform ihre Position hatten; im April 1941 sind diese gegen 2 cm-Vierlingsflak ausgewechselt worden.

Links: Vom Vormars über die Backbordseite nach achteraus gesehen; die Schutzkuppel des Scheinwerfers ist nach unten geklappt. Zwischen dem Scheinwerfer und dem Schornsteinmantel ist das schräg nach außen angeordnete Auflager des Backbordkrans erkennbar.

Der Backbord-Scheinwerfer am Großmast.

Auf der folgenden Farbbild-Doppelseite ist das Gefecht in der Dänemark-Straße nachvollzogen: Im Feuer der BISMARCK (links) explodiert die HOOD (rechts) und bricht in zwei Hälften, die dann in Minutenschnelle untergehen.

Links: Blick von achtern auf den vorderen Backbord-Scheinwerfer des Schornsteins mit der geöffneten Schutzhaube oberhalb der Vormarsgalerie, an deren linken Seite das gleiche Blechstreifenpaar montiert ist wie an der Vorderfront des Turmmastes (siehe auch Bild auf Seite 58).

HELMUS

HELMUS

Der den Schornstein umgebende Plattformkranz mit Scheinwerfer und 2 cm-Flak C/30. Der vordere Teil dieses Kranzes mußte höher gesetzt werden, um die Schutzkuppel nach unten wegklappen zu können.

Oben links: Die Backbordseite des Schornsteins mit dem Plattformkranz und dem darunter geschwenkten Flugzeugumsetzkran.

Blick vom vorderen Backbord-Scheinwerferstand am Schornstein zum Turmmastunterbau, an dem mehrere Kabelschächte hochgezogen sind. Oben die Laufbrücke zwischen Schornstein und Turmmast.

Links oben: Zwischen den Türmen "Cäsar" und "Dora" waren je eine 15 cm- und 10,5 cm-Ladekanone aufgestellt. Ihr Verschluß war eine genaue Nachbildung des jeweiligen "echten" Geschützes. Mit diesen Geräten sollte die Einübung der Geschützbedienungen auf eine möglichst hohe Schußfolge erfolgen. Hier die 15 cm-Ladekanone.

Links: Die 10,5 cm-Ladekanone.

Oben: Schrägansicht des Aufbautenkomplexes von der Backbordseite. Im Hintergrund der aufgetoppte Backbordkran.

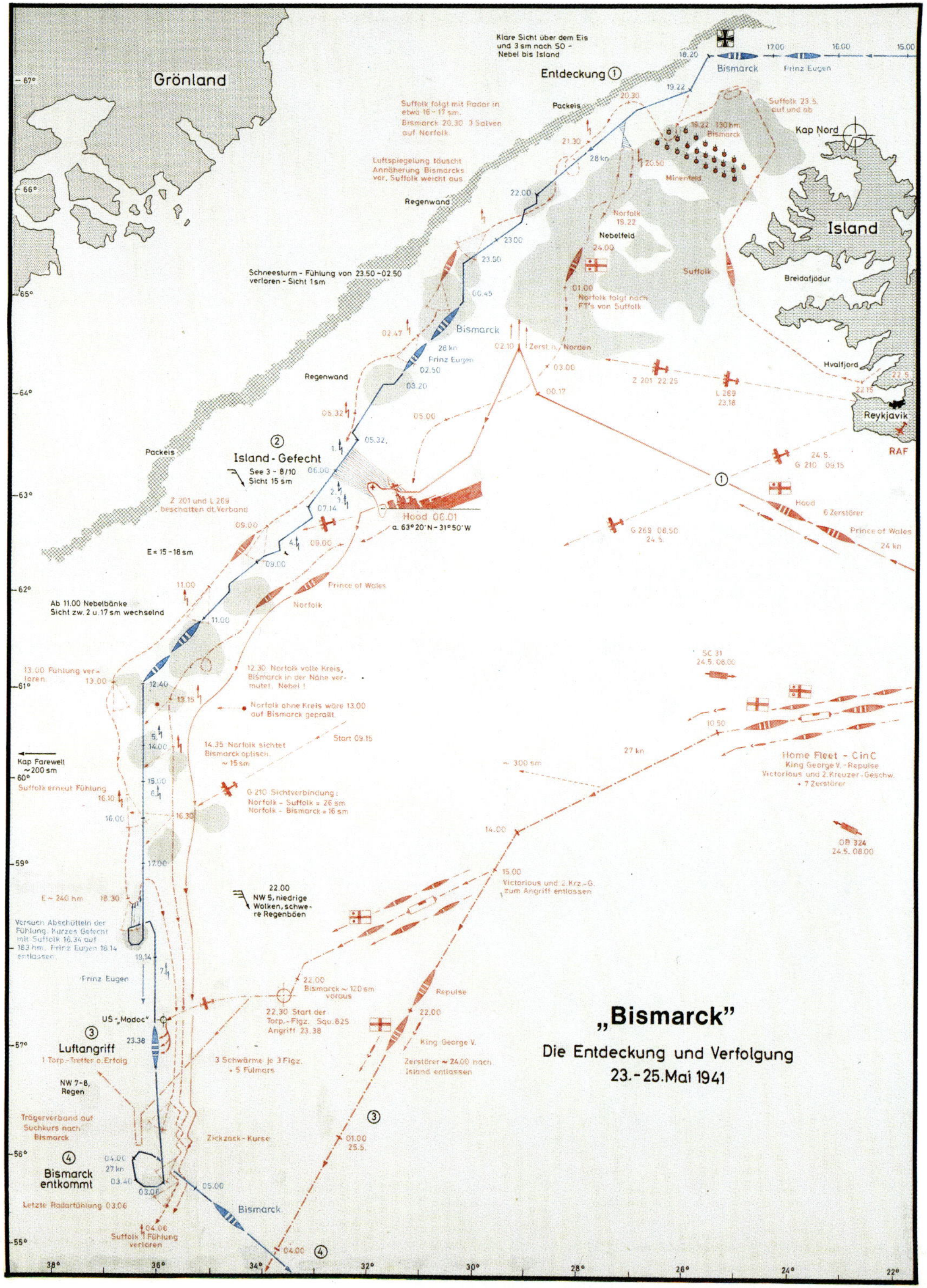
„Bismarck"
Die Entdeckung und Verfolgung
23.-25. Mai 1941
Grönland
Island
Kap Nord
Breidafjödur
Hvalfjord
Reykjavik
RAF
Klare Sicht über dem Eis und 3 sm nach SO - Nebel bis Island
Entdeckung ①
Bismarck
Prinz Eugen
Packeis
Suffolk folgt mit Radar in etwa 16 - 17 sm. Bismarck 20.30 3 Salven auf Norfolk
Luftspiegelung täuscht Annäherung Bismarcks vor, Suffolk weicht aus
Regenwand
Minenfeld
Nebelfeld
Norfolk 19.22
Suffolk
Norfolk folgt nach FT's von Suffolk
Schneesturm - Fühlung von 23.50 - 02.50 verloren - Sicht 1 sm
Zerst. n. Norden
Island - Gefecht ②
See 3 - 8/10
Sicht 15 sm
Hood 06.01
a. 63° 20' N - 31° 50' W
Z 201 und L 269 beschatten dt. Verband
E ≈ 15 - 18 sm
Hood
6 Zerstörer
Prince of Wales
24 kn
Norfolk
Ab 11.00 Nebelbänke
Sicht zw. 2 u. 17 sm wechselnd
13.00 Fühlung verloren.
12.30 Norfolk volle Kreis, Bismarck in der Nähe vermutet. Nebel!
Norfolk ohne Kreis wäre 13.00 auf Bismarck geprallt.
14.35 Norfolk sichtet Bismarck optisch, ~ 15 sm
Kap Farewell ~ 200 sm
Suffolk erneut Fühlung
G 210 Sichtverbindung:
Norfolk - Suffolk ≈ 26 sm
Norfolk - Bismarck ≈ 16 sm
Home Fleet - CinC
King George V. - Repulse
Victorious und 2. Kreuzer - Geschw.
+ 7 Zerstörer
SC 31
OB 324
Victorious und 2. Krz.-G. zum Angriff entlassen
E ~ 240 hm
Versuch Abschütteln der Fühlung: Kurzes Gefecht mit Suffolk 16.34 auf 183 hm. Prinz Eugen 18.14 entlassen
22.00
NW 5, niedrige Wolken, schwere Regenböen
US - „Modoc"
22.30 Start der Torp.-Flgz. Squ. 825
Angriff 23.38
③ Luftangriff
1 Torp.-Treffer o. Erfolg
NW 7-8, Regen
3 Schwärme je 3 Flgz. + 5 Fulmars
Repulse
King George V.
Zerstörer ≈ 24.00 nach Island entlassen
Trägerverband auf Suchkurs nach Bismarck
Zickzack - Kurse
④ Bismarck entkommt
Letzte Radarfühlung 03.06
Suffolk Fühlung verloren

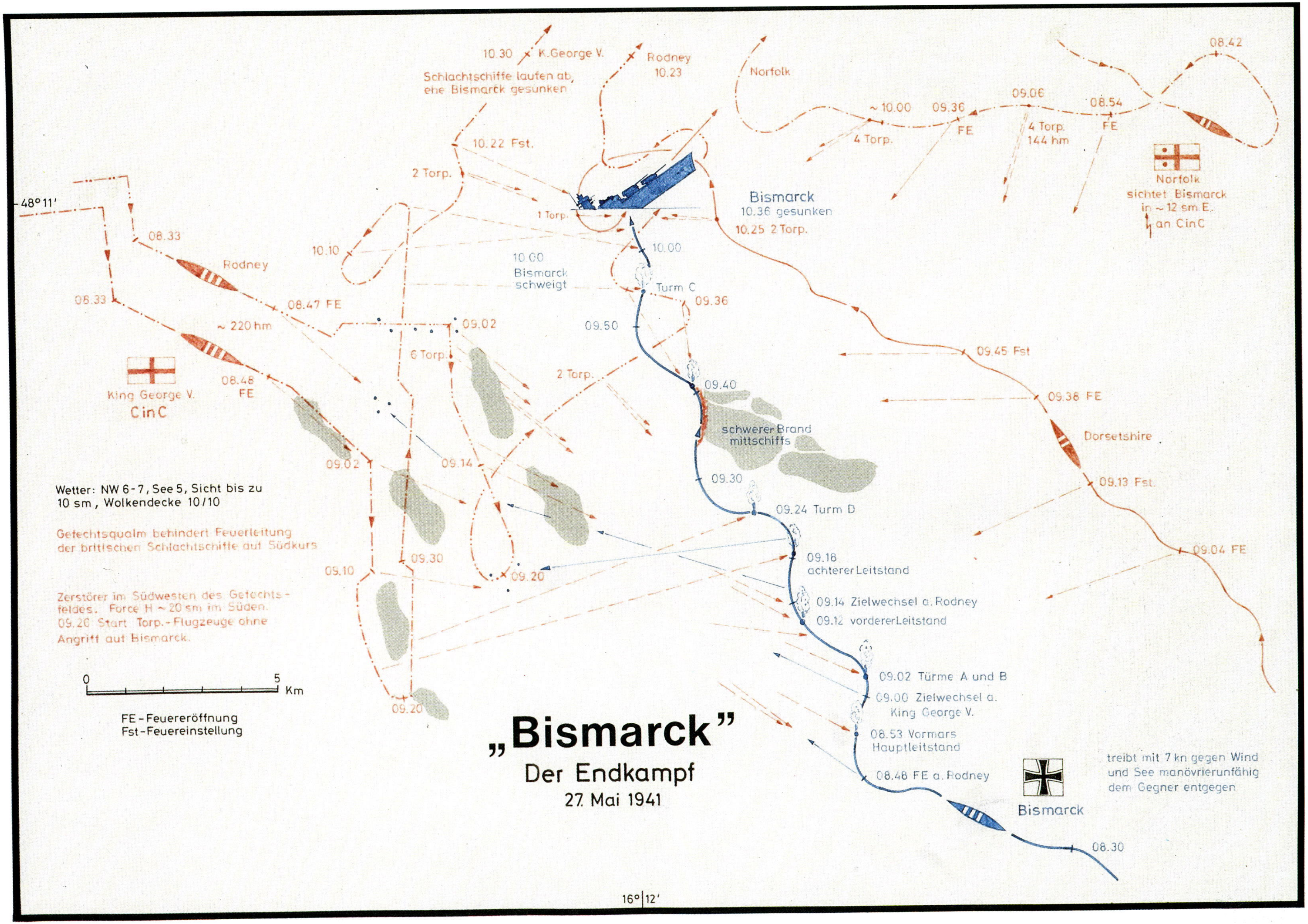
„Bismarck"
Der Endkampf
27. Mai 1941
Wetter: NW 6-7, See 5, Sicht bis zu 10 sm, Wolkendecke 10/10
Gefechtsqualm behindert Feuerleitung der britischen Schlachtschiffe auf Südkurs
Zerstörer im Südwesten des Gefechtsfeldes. Force H ~ 20 sm im Süden. 09.20 Start Torp.-Flugzeuge ohne Angriff auf Bismarck.
FE - Feuereröffnung
Fst - Feuereinstellung
0
5
Km
48° 11'
16°|12'
King George V.
CinC
Rodney
Norfolk
Norfolk sichtet Bismarck in ~ 12 sm E. an CinC
Dorsetshire
Bismarck
treibt mit 7 kn gegen Wind und See manövrierunfähig dem Gegner entgegen
Schlachtschiffe laufen ab, ehe Bismarck gesunken
10.30 K.George V.
Rodney 10.23
Bismarck 10.36 gesunken
10.25 2 Torp.
10.22 Fst.
2 Torp.
1 Torp.
10.10
10.00 Bismarck schweigt
10.00
Turm C
09.36
09.50
09.40
schwerer Brand mittschiffs
09.30
09.24 Turm D
09.18 achterer Leitstand
09.14 Zielwechsel a. Rodney
09.12 vorderer Leitstand
09.02 Türme A und B
09.00 Zielwechsel a. King George V.
08.53 Vormars Hauptleitstand
08.48 FE a. Rodney
08.30
08.33
08.33
08.47 FE
~ 220 hm
08.48 FE
09.02
09.02
6 Torp.
2 Torp.
09.14
09.10
09.30
09.20
09.20
~ 10.00
4 Torp.
09.36 FE
09.06
4 Torp. 144 hm
08.54 FE
08.42
09.45 Fst
09.38 FE
09.13 Fst.
09.04 FE

Links: Blick auf den Brückenkomplex. Im Vordergrund die querschiffs verlaufende Backbord-Brückennock. Von ihr oder von der Steuerbordnock aus konnten seemännische Manöver im Hafen und auf Reede – vor allem An- und Ablegen, Festmachen, Ankern – am besten überwacht werden. Außer Gebrauch wurden die Nocken nach achtern beigeklappt.

Unten links: Der Brückenhof mit dem stark gepanzerten vorderen (Haupt-)Kommandostand. Gut zu sehen sind hier zwei Periskopoptiken, welche durch das Dach des Standes geführt sind. Die Dicke des an der linken Bildseite zu erkennenden Schotts macht die hier verwendeten Panzerdicken deutlich.

Der Friedenssteuerstand. Von hier aus wurde das Schiff im Normalfall geführt. Links ein Sprachrohr und im Vorder- und Hintergrund je ein noch nicht kompletter Zielgeber.

Im September 1940 im Nordostseekanal unter einer Hochbrücke aufgenommen: BISMARCK von der Bugspitze aus gesehen. Beide Brückennocks sind ausgeschwenkt, der vorgeheißte Doppelrahmen weist sie als "Kanalfahrer" aus.

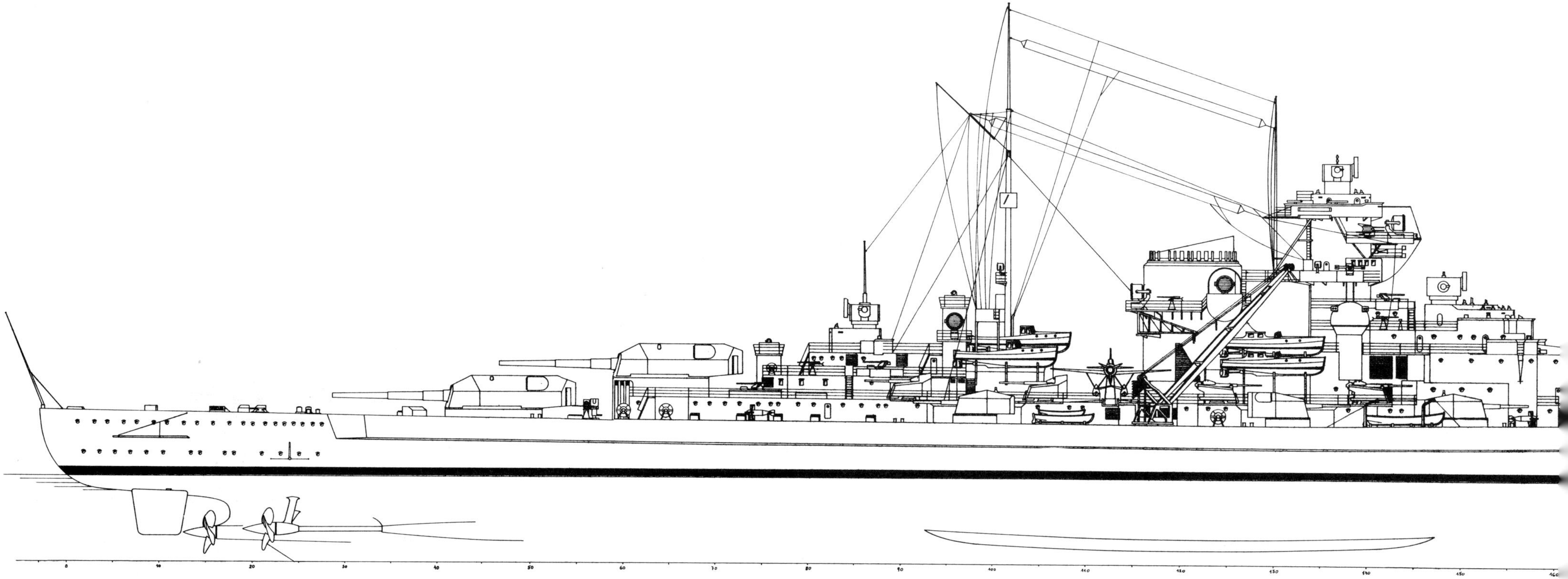

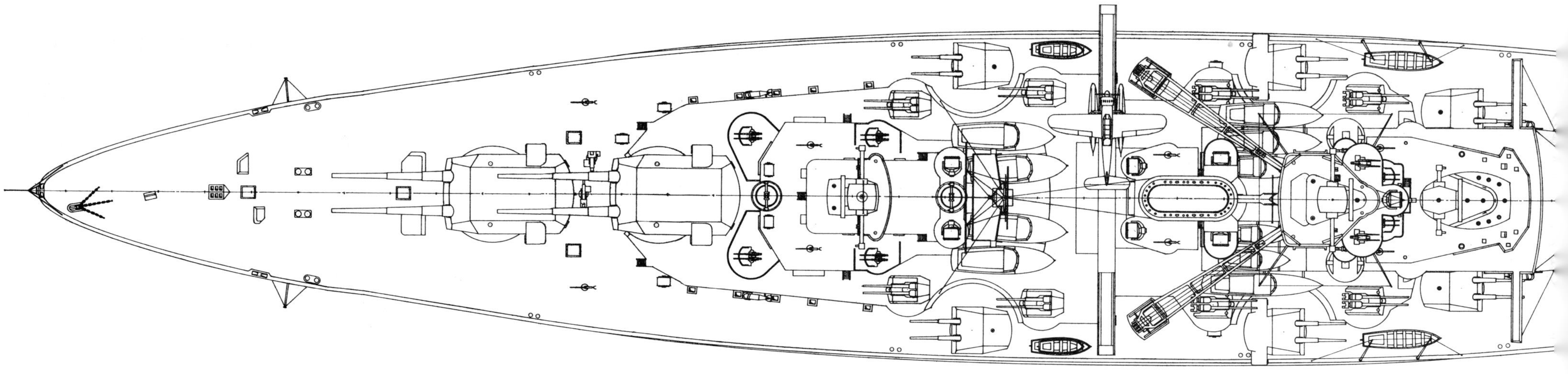

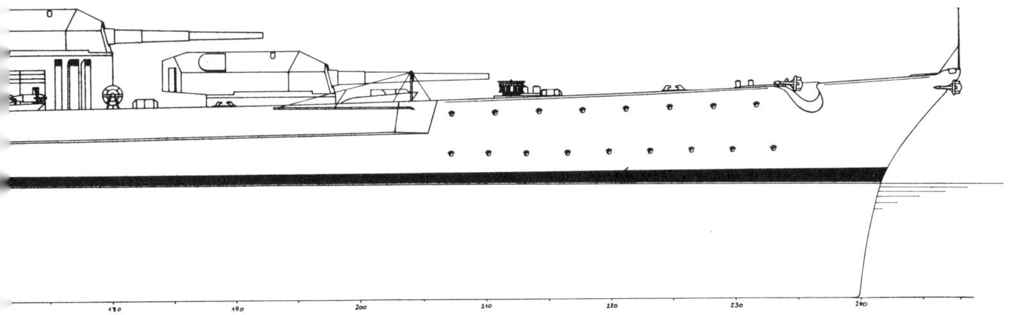

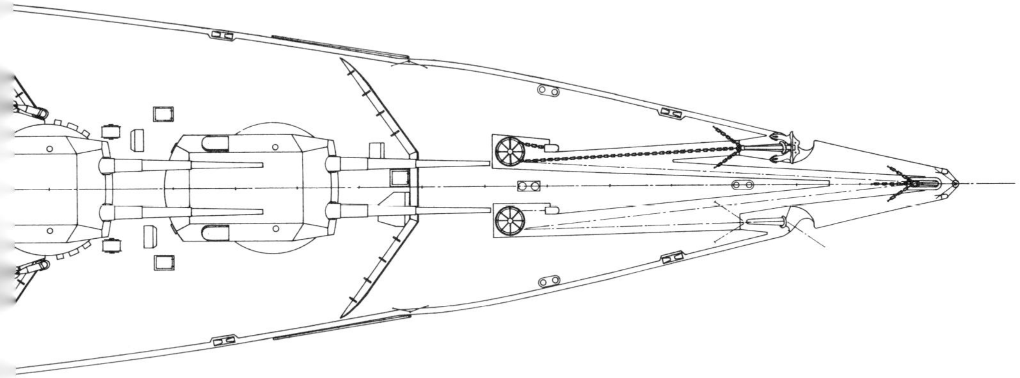

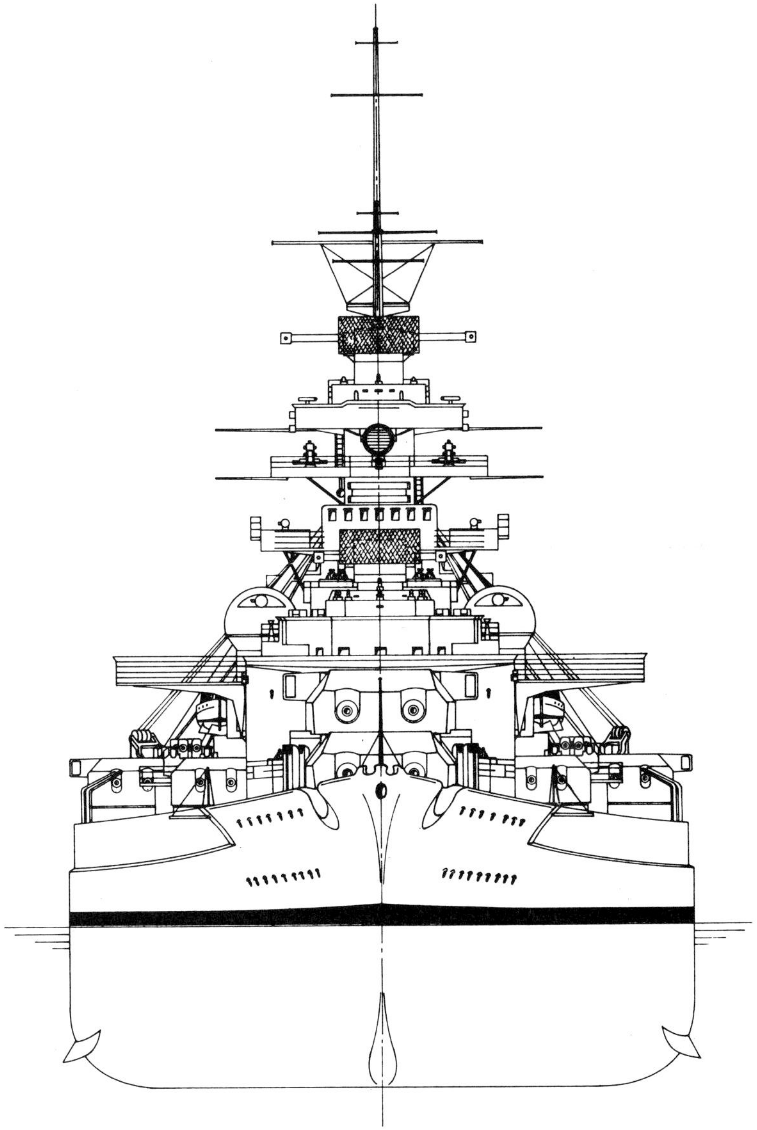

Schlachtschiff BISMARCK
nach dem Ausrüstungsstand von Mai 1941.

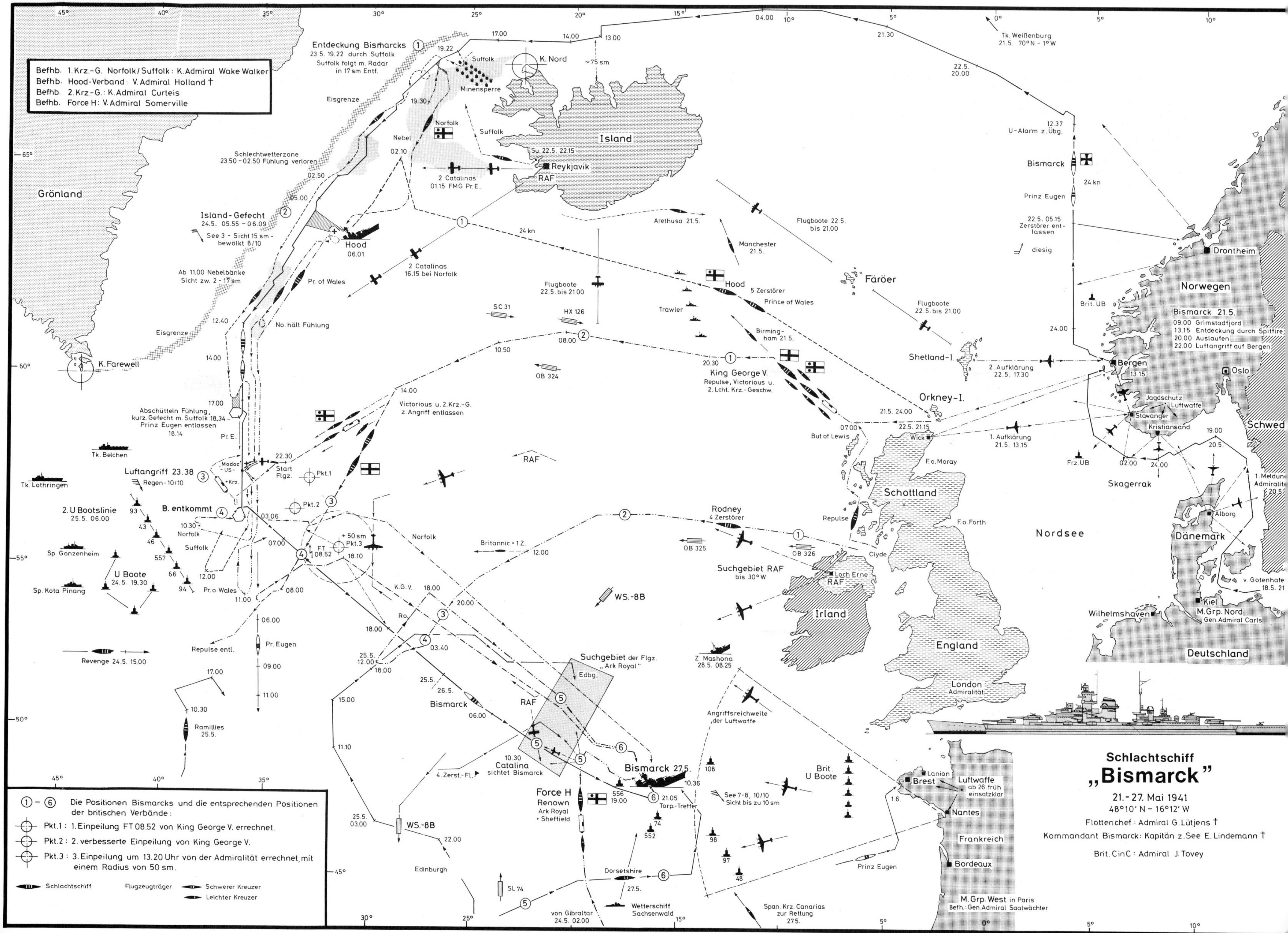

Schlachtschiff „Bismarck"

21.- 27. Mai 1941
48°10' N – 16°12' W

Flottenchef: Admiral G. Lütjens †
Kommandant Bismarck: Kapitän z. See E. Lindemann †
Brit. CinC: Admiral J. Tovey

Admiral Günter Lütjens (links), gerade 52 Jahre alt geworden, war seit Juli 1940 Flottenchef. Als solcher befehligte er Anfang 1941 an Bord seines damaligen Flottenflaggschiffes GNEISENAU das erfolgreiche Atlantikunternehmen "Berlin". Im Mai 1941 setzte er seine Flagge auf der BISMARCK. Auf dieser fand er am 27. Mai 1941 den Tod. Kapitän zur See Ernst Lindemann (rechts), 47 Jahre alt, war Kommandeur der Schiffsartillerieschule, bevor er im August 1940 das Kommando über die BISMARCK übernahm. Er gehörte nicht zu den Überlebenden. Das Schicksal beider Offiziere teilten 2.104 Männer der BISMARCK.

GEWICHTSBERECHNUNG FÜR SCHLACHT BISMARCK *)

(Berechnungsstand: 30. März 1940)

Die nachfolgend angegebenen Gewichte verstehen sich in metrischen Tonnen (t) zu je 1000 kg (Kommastellen nicht berücksichtigt!)

Schiffskörper	11.905
Panzerung (ohne Drehpanzer)	17.569
Haupt- und Hilfsmaschinen	4.833
Artilleriebewaffnung und Drehpanzer	6.418
Flugzeugeinrichtungen, Sperrwaffen, Allgemeine Geräte, Nautische Instrumente, Takelage	518
Leeres Schiff mit Geräten, mit Öl und Wasser in den Maschinen- und Hilfsmaschinenabschnitten	41.243
Artillerie-Munition	1.510
Sperrwaffen-Munition	11
Besatzung, Proviant, Verbrauchsstoffe, Trink- und Waschwasser	882
Standardverdrängung	43.646
Speisewasser**)	206
Heizöl**)	3.030
Treiböl**)	254
Schmieröl**)	100
Flugzeug-Betriebsmittel (eine Füllung)	17
Konstruktionsverdrängung	47.253
Speisewasser**), Heizöl**), Treiböl**), Schmieröl**), Flugzeug-Betriebsmittel**)	3.692
Frischwasser-Reserve	450
Einsatzverdrängung	51.395
Ölsonderzuladung	1.770
Schiff mit Sonderzuladung	53.165

*) BA/MA M 496 (E)

**) Jeweils eine Hälfte des Vorrates.

GEWICHTSANTEILE DES SCHLACHTSCHIFFES BISMARCK

Zustand am 19. Oktober 1940 in abgerundeten Zahlen

	t	%-Anteil vom Gewicht
Schiffskörper	11.905	25,2
Maschinenanlage und Hilfsmaschinen	4.833	10,2
Panzer	17.569	37,1
Artillerie	6.418	13,5
Ausrüstung	518	1,0
Artilleriemunition	1.510	3,2
Sperrwaffenmunition	11	0,2
Besatzung, Proviant, sonst. Vorräte	882	1,8
Treib- und Schmieröl	354	0,7
Flugzeugbetriebsmittel	17	0,3
Brennstoff	3.030	6,4
Wasser	206	0,4
Konstruktionsdeplacement	47.253	100,0

Der vordere Ansatz des Aufbaudecks von der Backbordseite aus gesehen. Oben links der Turm "Bruno".

Turm "Cäsar" von der Steuerbordseite hinten gesehen; davor ein Niedergangsschacht. Am Bildrand rechts eine 2 cm-Flak C/30.

Details im zentralen Aufbautenbereich (Backbordseite): 1 = Backbord-Kranauflager, 2 = Laufbrücke, 3 = Steuerbord-Kranauflager, 4 = vorderer Scheinwerfer mit Schutzhaube, 5 = 2 cm-Flak C/30, 6 = Flugzeug-Umsetzkran, 7 = Beiboote auf Klampen, 8 = SL-8-Fla-Leitgerät, 9 = rückwärtiger Brückenaufbau, 10 = Flugzeughalle 2, 11 = 15 cm-Mittelturm, 12 = Klampen für weiteres Beiboot.

DIE BESATZUNGSSTÄRKE

Die Besatzungsstärke betrug etatmäßig 2.065 Mann; sie setzte sich zusammen aus 103 Offizieren einschl. Fähnriche und 1.962 Unteroffizieren mit und ohne Portepee und Mannschaften. Hinzu kamen anläßlich des Unternehmens "Rheinübung" das Personal des Flottenstabs, von Prisenkommandos, des B-Dienstes und einige Kriegsberichter, insgesamt 156 Mann. Die Kopfstärke lag damit beim Auslaufen am 18. Mai 1941 bei 2.221 Mann.
Die Besatzung war auf zwölf Divisionen aufgeteilt, deren zahlenmäßige Stärke zwischen 180 und 220 Mann lag. Diese zwölf Divisionen waren:

1. bis 6. Division: Seemännisches Personal (davon stellte die 1. bis 4. Division das Bedienungspersonal der Schweren Artillerie und der Mittelartillerie und die 5. und 6. Division das der Fla-Waffen (einschließlich der Waffenleitanlagen);
7. Division: Die sog. "Funktionäre" wie Zimmermeister, Köche, Schreiber, Schuhmacher, Schneider usw.;
8. Division: Artilleriemechaniker;
9. Division: Funk-, Funkmeß-, Signal- und Steuermannspersonal;
10. – 12. Division: Personal der Antriebsanlagen ("Heizer").

Blick auf eines der an der Backbordseite der Flugzeughalle 1 gefahrenen Beiboote. Es handelt sich dabei um ein motorangetriebenes Einwellen-Verkehrsboot.

Achterschiff: Seitenansicht

1 Flaggenstock
2 Heckspier
3 Schweberuder
4 Propeller
5 Wellenbock
6 Wellenleitung
7 Wellenhose
8 Schraubenschutz
9 38 cm-Zwillingsturm C/34
10 Barbette
11 2 cm-FlaMG C/30
12 Ladekanone
13 Lüfter
14 Schlauchrolle
16 3,7 cm-Zwillingsflak C/30
17 Ottergerät
18 Fla-Leitstand SL-8

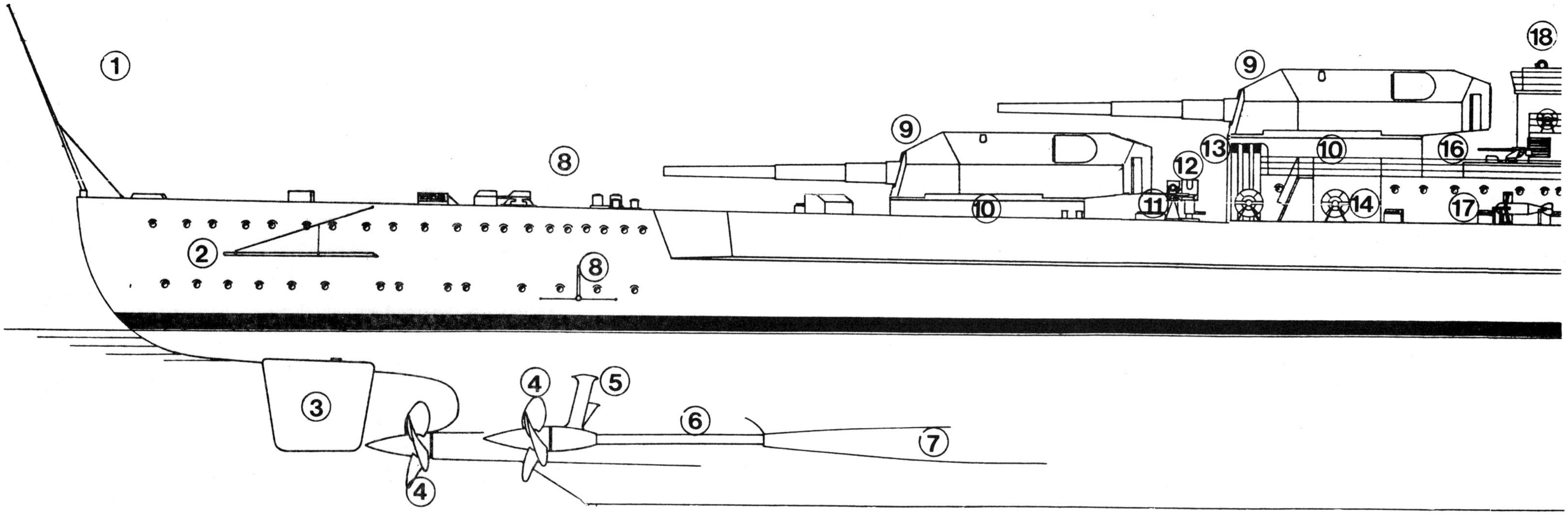

Achterschiff, obere Ansicht

1	Flaggenstock
8	Schraubenschutz
9	38 cm-Zwillingsturm C/34
11	2 cm-FlaMG C/30
12	Ladekanone 15 cm
14	Schlauchrolle
15	Ladekanone 10,5 cm
16	3,7 cm-Zwillingsflak C/30
17	Ottergerät
18	Fla-Leitstand SL-8

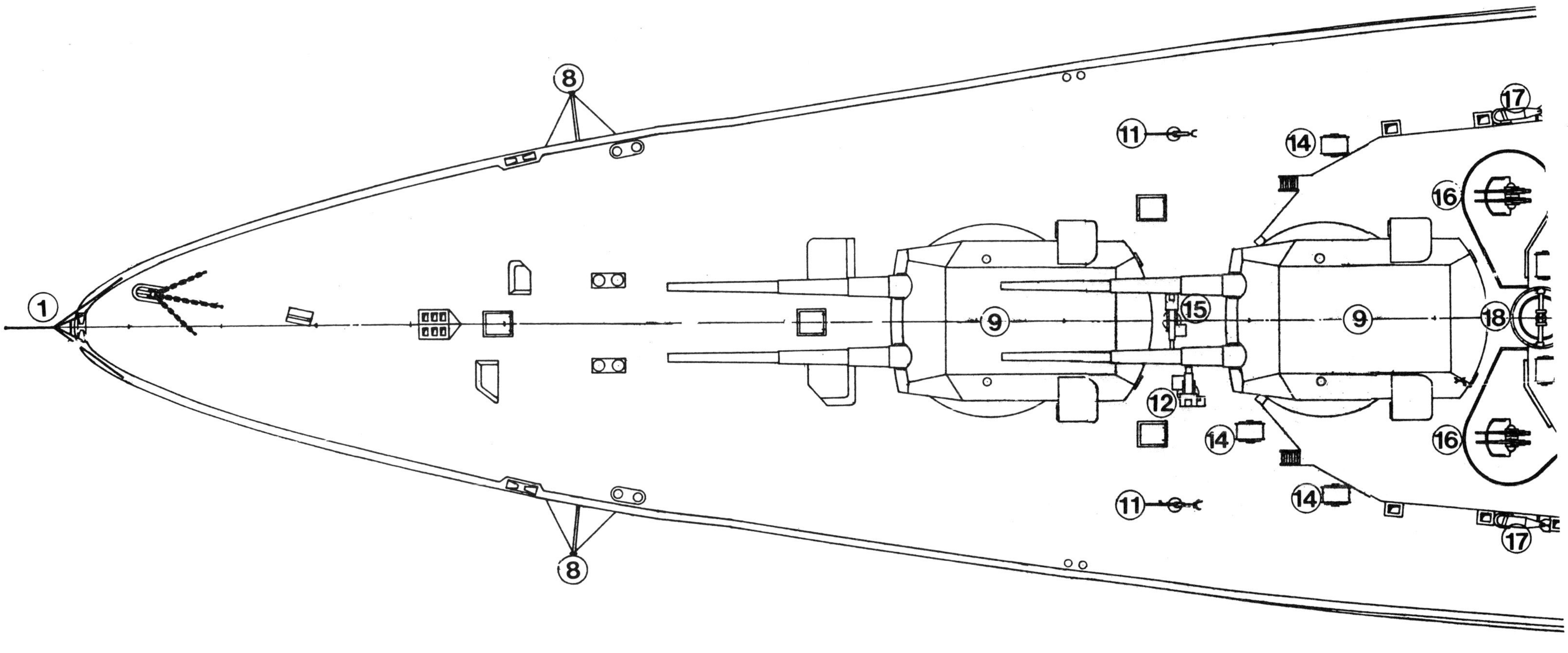

Mittelschiff, Seitenansicht

11 2 cm-FlaMG C/30
16 3,7 cm-Zwillingsflak C/30
18 Fla-Leitstand SL-8
19 Achterer Kommandostand
20 E-Meßdrehhaube mit Funkmeßgerät
21 10,5 cm-Zwillingsflak C/37
22 15 cm-Zwillingsturm C/34
23 Scheinwerfer
25 Bordflugzeug Ar-196
26 Beiboot
27 Bordkran
28 10,5 cm-Zwillingsflak C/31
29 Schlingerkiel
30 Vormarsgalerie
31 2 cm-Vierlingsflak C/38
32 Vorderer Kommandostand
33 Bereitschaftskutter
34 Turmmast-Stengenmast
35 Flaggengaffel

36 Großmast
37 Schornstein
38 Scheinwerfer-Schutzkalotte
39 Admiralsbrücke
40 Fla-E-Meßstand
41 Ruderlageanzeiger
42 Lüfteröffnung
43 FT-Stengenmast
44 Turmmast
45 Artillerieleitstand (Vormars)
46 Kranauflager
47 Signalbrücke
48 Plattformkranz
49 Übergangssteg
50 Brückennock
51 Flugzeughalle
52 Brückenhaus-Vorbau
60 Flugzeug-Umsetzgalgenbaum

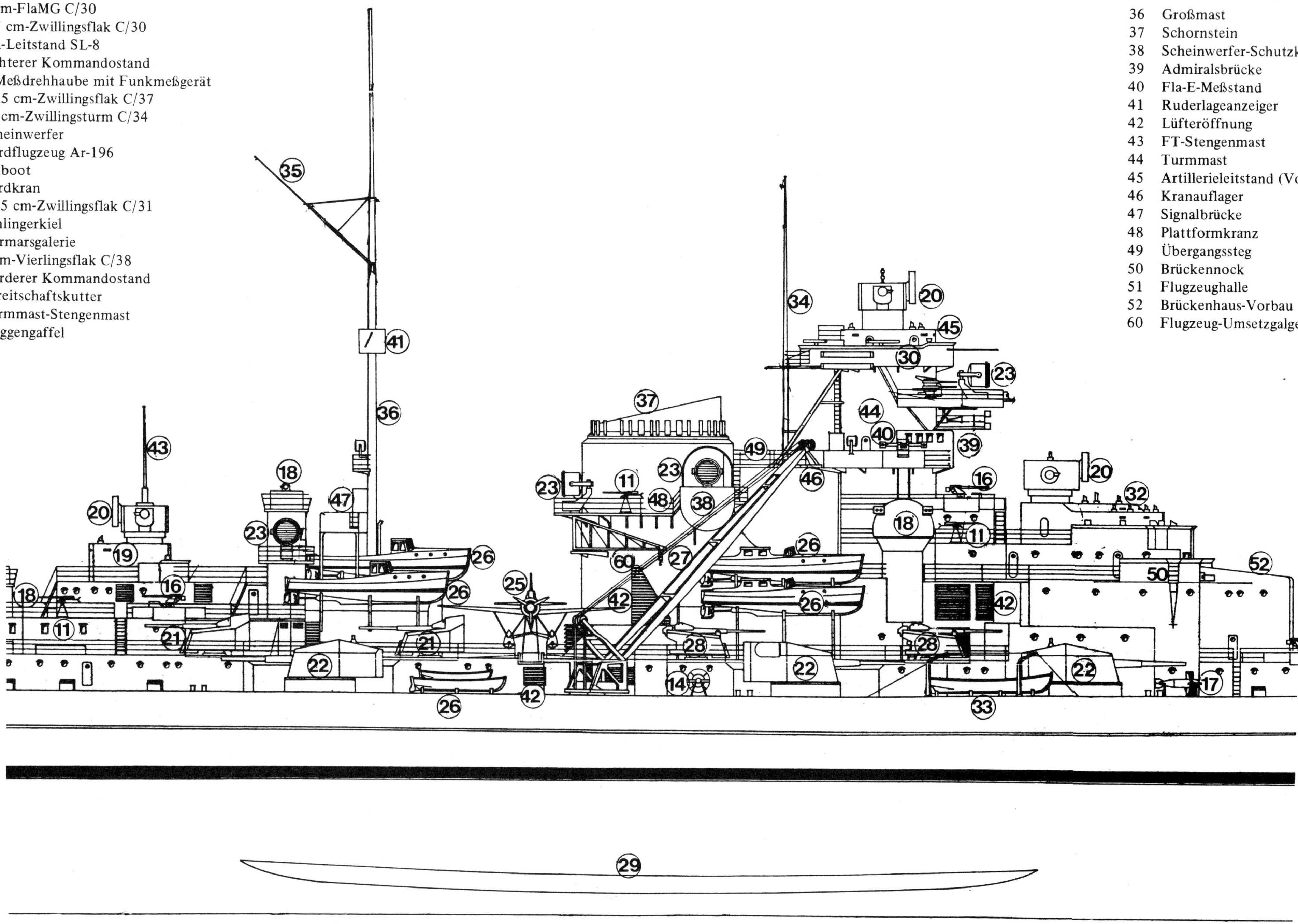

Mittelschiff, obere Ansicht

11 2 cm-FlaMG C/30
14 Schlauchrolle
16 3,7 cm-Zwillingsflak C/30
18 Fla-Leitstand SL-8
19 Achterer Kommandostand
20 E-Meßdrehhaube mit Funkmeßgerät
21 10,5 cm-Zwillingsflak C/37
22 15 cm-Zwillingsturm C/34
23 Scheinwerfer
24 Flugzeugschleuder
25 Bordflugzeug Ar-196
26 Beiboot
27 Bordkran
28 10,5 cm-Zwillingsflak C/31
30 Vormarsgalerie (Vormars)
31 2 cm-Vierlingsflak C/38
32 Vorderer Kommandostand
33 Bereitschaftskutter
37 Schornstein
45 Artillerieleitstand
47 Signalbrücke
48 Plattformkranz
49 Übergangssteg
50 Brückennock
51 Flugzeughalle
52 Brückenhaus-Vorbau

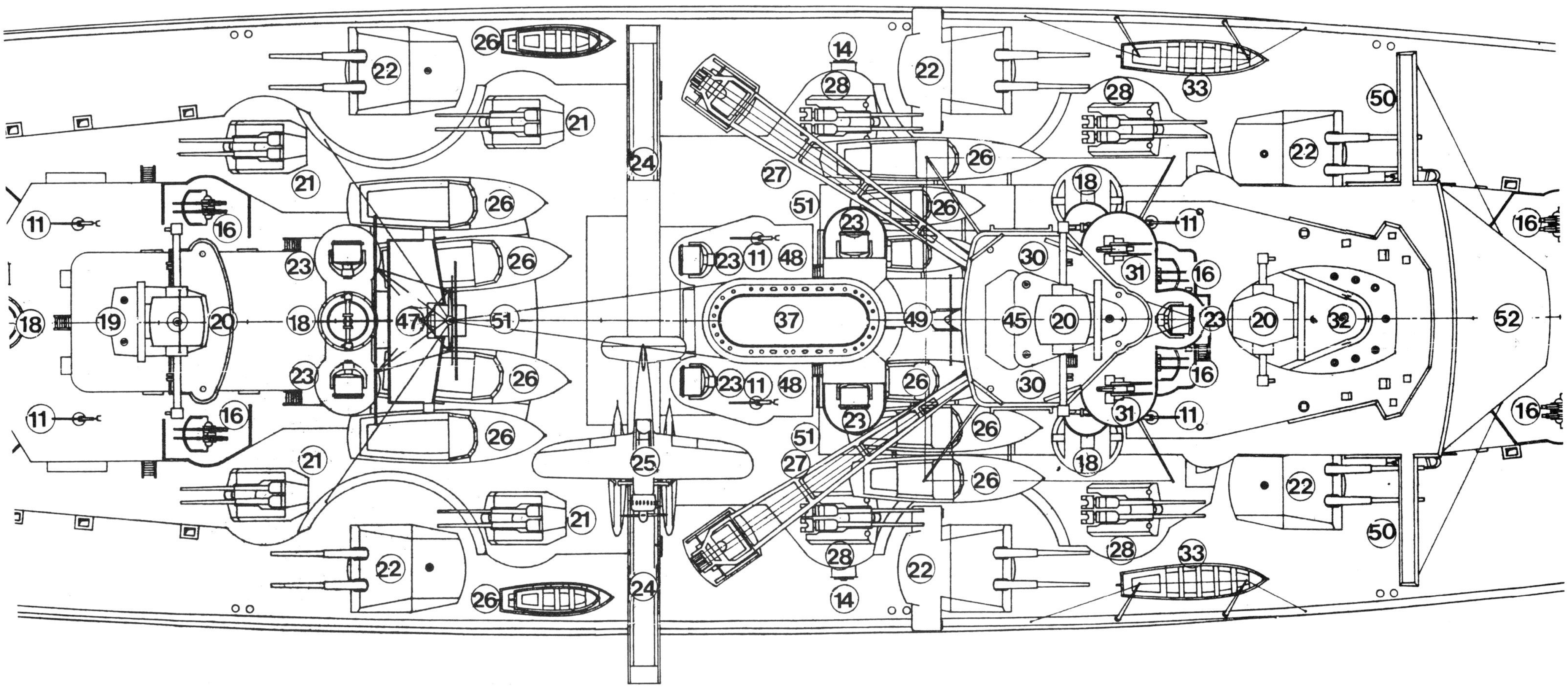

Vorschiff, Seitenansicht

53 Wellenbrecher
54 Stevenklüse
55 Deckklüse
56 Ankerspill
57 Bugspier
58 Vorsteven

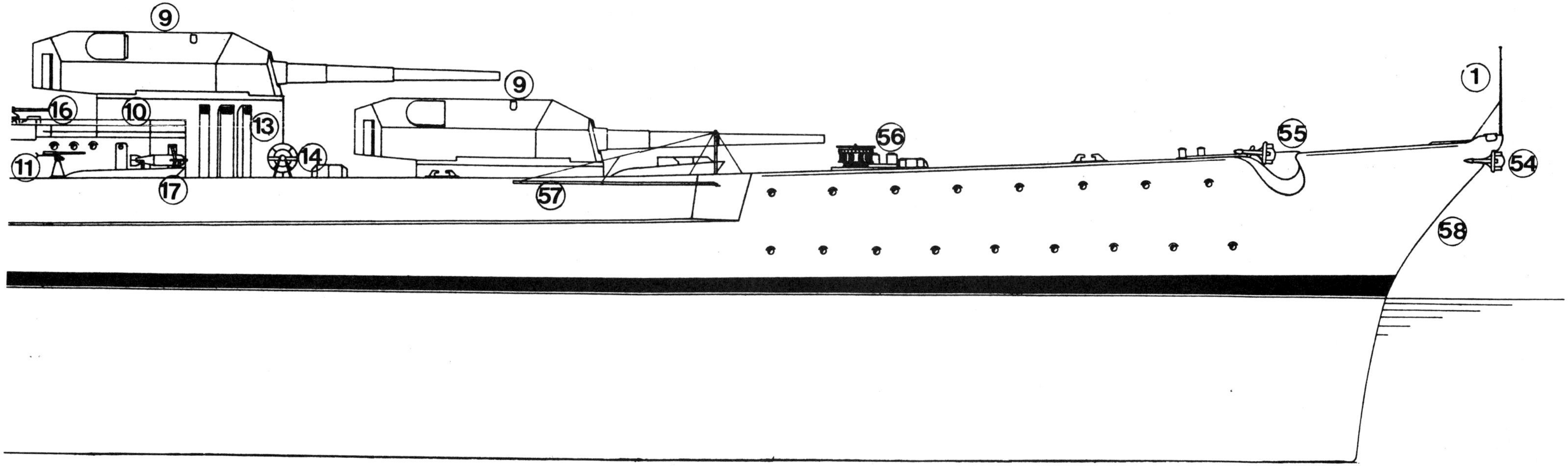

Vorschiff, obere Ansicht

9 38 cm-Zwillingsturm C/34
11 2 cm-FlaMG C/30
14 Schlauchrolle
16 3,7 cm-Zwillingsflak C/30
17 Ottergerät
53 Wellenbrecher
55 Decksklüse
56 Ankerspill
57 Bugspier

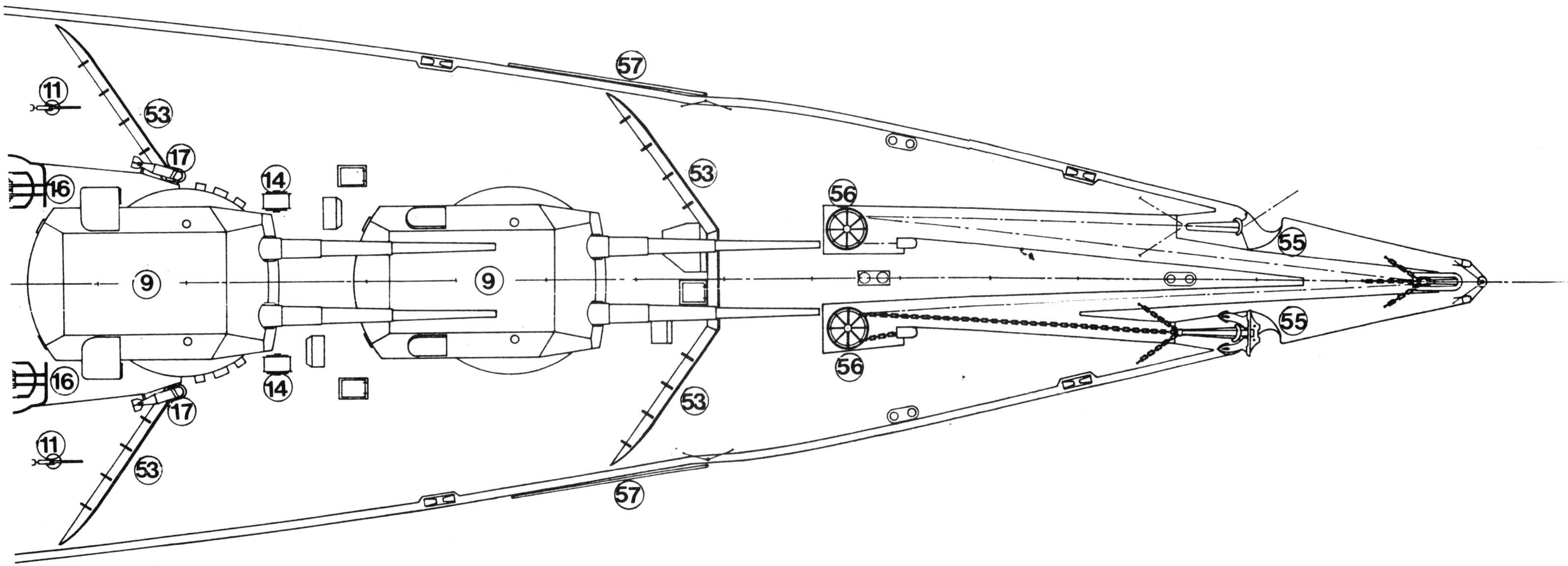

Die Flugzeughalle 1 mit Beibooten, Scheinwerfern und Großmast. Weitere Beiboote an Oberdeck. Die achtere E-Meß-Drehhaube ist noch nicht eingebaut; die dort zu sehende FT-Stenge ist nur provisorisch installiert.

Details am Schornstein (Backbordseite). Hier werden die Unterzüge des Schornstein-Plattformkranzes sichtbar. Vor Handlauf und Durchzügen der Relings ist eine Segeltuchbahn als Windschutz gespannt.

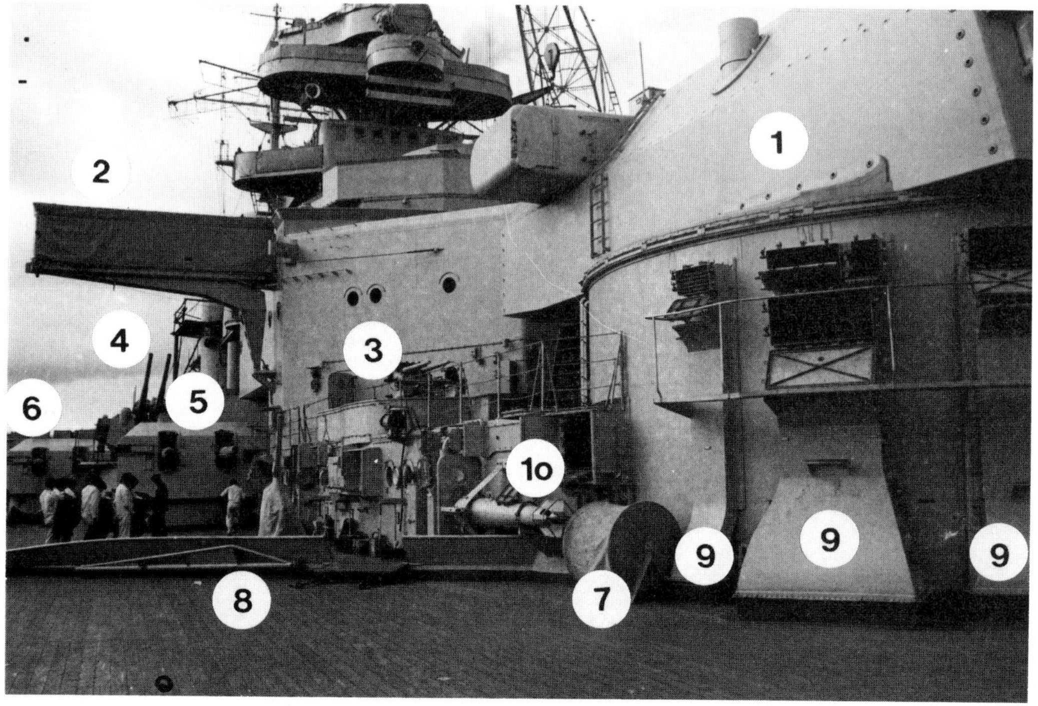

Blick von der Steuerbordseite des Vorschiffes zur Brückenfront: 1 = Turm "Bruno", 2 = Steuerbord-Brückennock (ausgeklappt), 3 = vordere 3,7 cm-Doppelflak C/30, 4 = vordere 10,5 cm-Doppelflak C/33, 5 = vorderer 15 cm-Turm, 6 = mittlerer 15 cm-Turm, 7 = Trossenrolle, 8 = hinterer Wellenbrecher, 9 = Lüfterschächte. Diese Aufnahme entstand im Sommer 1940 an der Ausrüstungspier der Bauwerft.

Einige Monate später aus etwa gleicher Perspektive aufgenommen; die Brückennock ist hier beigeklappt.

Blick auf Turm "Bruno"; die Haube seiner 10,50 m-E-Meßbasis ist geöffnet.

Blick unter den Schornstein-Plattformkranz von hinten gesehen; auf den auskragenden Positionen sind die beiden achteren Scheinwerfer des Schornsteines installiert. Unterhalb des Plattformkranzes die beiden eingeschwenkten Flugzeugumsetzkrane mit der verbindenden Laufbrücke, die gleichzeitig Bedienungsplattform ist.

Die Mittelschiffsaufbauten der Steuerbordseite aus verschiedenen Perspektiven. Diese Aufnahmen entstanden im März 1941 in Kiel während der Proviantübernahme.

BISMARCK nach der Indienststellung an der Ausrüstungspier von Blohm & Voß. Beide Steuerbord-Fallreeps sind ausgebracht, mehrere Schuten und ein Hafenverkehrsschiff haben angelegt.

Das neue Schlachtschiff wird von einem PK-Filmtrupp aufs Korn genommen, vermutlich, um in einer "Wochenschau" gezeigt zu werden.

15. September 1940: Die BISMARCK verläßt erstmals ihre Bauwerft.
Hier legt sie gerade von der Pier ab . . .

. . . und hier ist sie in das Elbe-Fahrwasser eingedreht . . .

. . . und geht elbeabwärts.

Die BISMARCK genau von querab gesehen, hier auf Position vor dem Einschleusen in Brunsbüttel; der das Schiff als "Kanalfahrer" kennzeichnende Doppelrahmen ist bereits vorgeheißt.

16. September 1940: Das Einlaufen in die Holtenauer Schleuse.

Links und oben: Ab 24. September 1940 lag die BISMARCK an der Boje A 10 in der Kieler Innenförde.

Gegenüberliegende Seite: Aufnahmen der BISMARCK während ihrer Liegezeit in der Kieler Innenförde im September 1940.

Die BISMARCK, hier noch an ihrer Festmacherboje liegend, hat Dampf aufgemacht, um in Kürze auszulaufen.

28. September 1940: Die Seefallreeps sind eingezogen, die Verbindung zur Festmacherboje bereits gelöst und letzte Leinen werden auf der Back eingeholt: BISMARCK verläßt Kiel.

Nur wenig später entstand diese Aufnahme; sie zeigt die BISMARCK schon in der Kieler Außenförde.

Am 29. September 1940 läuft die BISMARCK in Gotenhafen ein, von wo aus sie in den nächsten beiden Monaten die Gefechts- und Einzelausbildung mit Nachdruck betreiben wird.

Am 23. Oktober 1940 war die Maschinenanlage erstmals klar für Höchstfahrt. Bis in den November hinein sind die gesteigerten Fahrten und Höchstfahrten fortgesetzt worden, an einem dieser Tage wurden 30,8 kn gemessen, eine Leistung, die oberhalb dessen lag, was konstruktionsmäßig gefordert war. Diese beiden Bilder entstanden während solcher Fahrten.

Im Oktober/November 1940 wurden in Gotenhafen die bisher noch fehlenden 10,50 m-E-Meß-Drehhauben eingebaut. Diese Aufnahme entstand im Dezember 1940 und zeigt die BISMARCK mit den Drehhauben. Nur die 7 m-E-Meß-Drehhaube auf dem vorderen Kommandostand fehlt hier noch.

Anfang Dezember 1940 besichtigte der Oberbefehlshaber der Kriegsmarine, Großadmiral Raeder, die in Gotenhafen liegende BISMARCK. Hier schreitet er in Begleitung des Kommandanten, Kapitän zur See Ernst Lindemann (links von ihm), die Front der an Oberdeck angetretenen Besatzung ab. Am oberen Bildrand sieht man das typische Spiegelheck des in einem benachbarten Hafenbecken liegenden Leichten Kreuzers KÖLN.

Am 5. Dezember 1940 verlegte BISMARCK zur Hamburger Bauwerft, um Restarbeiten durchführen zu lassen. Diese Aufnahme entstand am 7. Dezember beim Passieren des Nordostseekanals . . .

. . . und auf diesem Bild befindet sich die BISMARCK einen Tag später schon auf der Elbe.

Die zu Jahresbeginn 1941 herrschende grimmige Kälte führte zu einer ausgedehnten Vereisung der an Norddeutschland angrenzenden Gewässer und machte das Passieren des Nordostseekanals unmöglich. So wurde die BISMARCK in ihrer Bauwerft länger festgehalten, als es ursprünglich beabsichtigt war. Erst am 6. März konnte der Verlegungsmarsch angetreten werden. Dabei fuhr das einstmalige Linienschiff und nunmehrige Kadettenschulschiff SCHLESIEN als Eisbrecher. Hier ist beim Einlaufen in Kiel die BISMARCK erstmalig mit ihrer in Hamburg erhaltenen Tarnbemalung zu sehen; im Hintergrund die SCHLESIEN.

Die BISMARCK im Kieler Scheerhafen im März 1941; Besatzungsangehörige sind hier bei Außenbordarbeiten zu sehen. Währenddessen laufen Abstimmungsarbeiten der Artillerie; wohl aus diesem Anlaß hat der vordere Turm nach Steuerbord geschwenkt.

Nach der Verlegung nach Gotenhafen wird von dort aus die Ausbildung in See weitergeführt. Auf diesem Bild ist nunmehr die kurz zuvor in Kiel eingebaute E-Meß-Drehhaube (aber noch ohne Funkmeß-"Matratze") auf dem vorderen Kommandostand zu erkennen.

Während eines Ausbildungstörns in der Ostsee im März 1941.

Im April 1941 in Gotenhafen am Seebahnhof liegend aufgenommen zeigt sich die BISMARCK nunmehr einsatzbereit. Am Turm "Anton" fehlen jetzt die beiden E-Meßhauben; diese waren kurz zuvor in Gotenhafen ausgebaut und ihre Öffnungen dichtgesetzt worden.

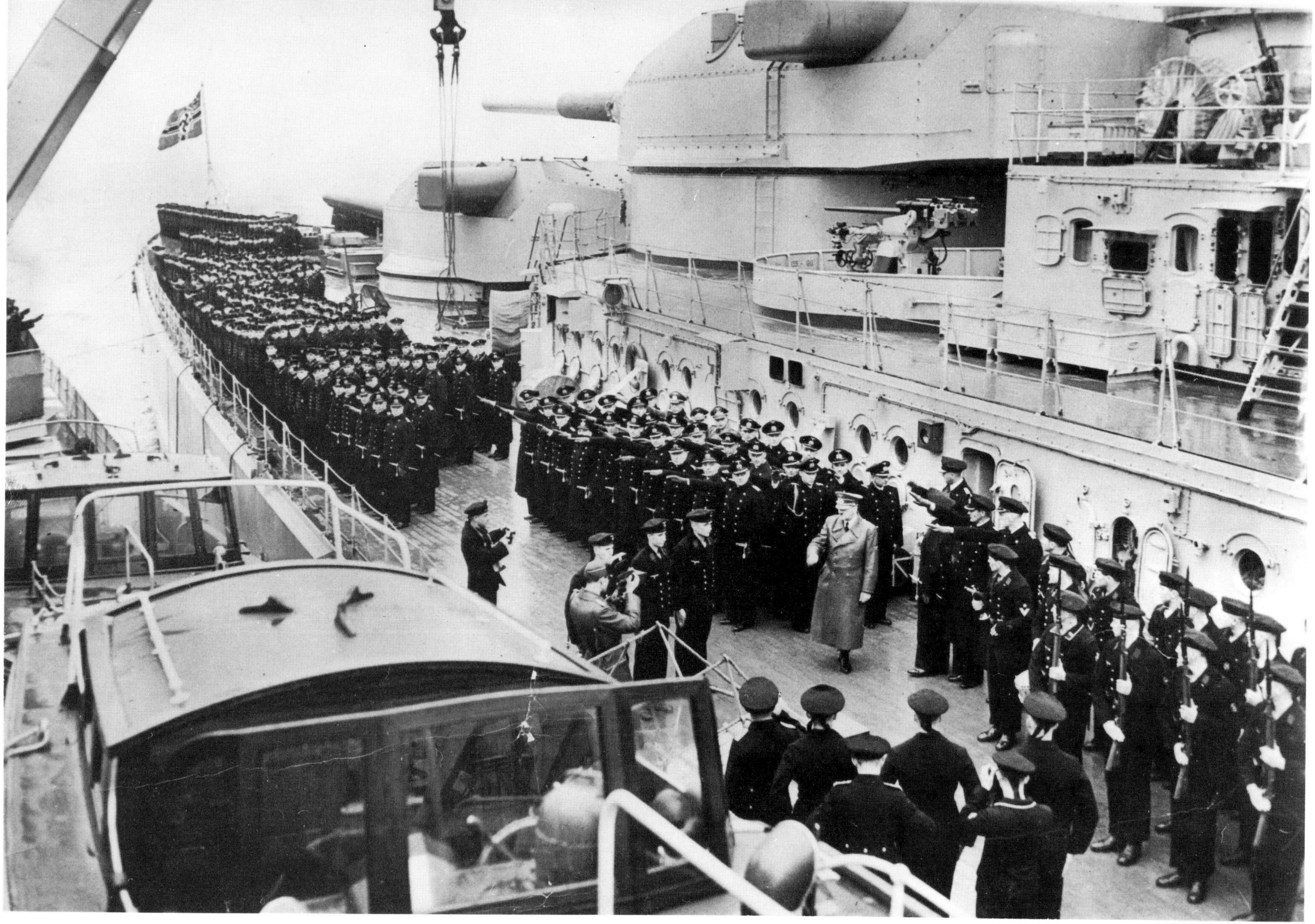

5. Mai 1941: Hitler an Bord der BISMARCK. Hier verläßt er sie gerade wieder. Längsseits hat der Flottentender HELA festgemacht, der ihn an Bord und danach zurück nach Gotenhafen brachte. Der Blick geht von der HELA auf das Steuerbord-Achterdeck der BISMARCK.

DAS SCHICKSAL DES SCHLACHTSCHIFFES "BISMARCK"

Chronologische Zusammenfassung

14. Februar 1939: Stapellauf in Anwesenheit Hitlers. Die Taufe vollzieht Frau Dorothea von Loewenfeld, eine Enkelin des Fürsten Otto von Bismarck.
24. August 1940: Indienststellung. Vollzogen wird sie von dem ersten Kommandanten, Kapitän zur See Ernst Lindemann.
15. September 1940: BISMARCK verläßt erstmals Hamburg und verlegt via Kaiser-Wilhelm-Kanal in die Ostsee. Dort beginnen die Probefahrten in See. In Kiel erfolgen die Endausrüstung sowie Abstimmarbeiten der Waffen- und Waffenleitanlagen.
28. September 1940: Begleitet vom SPERRBRECHER 13 Verlegung nach Gotenhafen, von wo aus die Gefechts- und Einzelausbildung intensiviert wird; zugleich erste Schießversuche.
23. Oktober 1960: Erstmals Maschinenerprobungen für Höchstfahrt in Verbindung mit Meilenfahrt und Brennstoffmeßfahrten. Dabei wird die höchste Geschwindigkeit erreicht: 30,8 kn. Mitte Oktober beendet die Seeklarbesichtigung den ersten Ausbildungsabschnitt; ihm folgt im November der Schießabschnitt.
5. Dezember 1940: BISMARCK tritt in Begleitung von SPERRBRECHER 6 den Rückmarsch nach Hamburg zur Bauwerft an, wo Restarbeiten durchzuführen sind.
24. Januar 1941: Die Restarbeiten sind abgeschlossen. Weil die kritische Eislage eine erneute Verlegung in die Ostsee nicht zuläßt, verbleibt BISMARCK in der Bauwerft.
6. März 1941: Auslaufen zur Verlegung nach Kiel via Kaiser-Wilhelm-Kanal in Begleitung von SPERRBRECHER 36 und des als Eisbrecher fahrenden alten Linienschiffes SCHLESIEN. Von Kiel aus verlegt BISMARCK weiter nach Gotenhafen-Reede, wo am 17. März die Anker fallen. Bis zum 2. April folgen weitere Übungen, unter anderem gemeinsam mit dem Schweren Kreuzer PRINZ EUGEN. Nach Munitionsübernahme und Ergänzung sonstiger Verbrauchs- und Versorgungsgüter in Gotenhafen geht das Schiff auf Gotenhafen-Reede erneut vor Anker.
5. Mai 1941: Besichtigung durch Hitler. Dieser setzt mit dem Flottentender HELA über und kehrt auf dieser nach Gotenhafen zurück, um das dort liegende Schwesterschiff TIRPITZ zu besichtigen. Es folgen danach Übungen und Verbandsübungen mit dem Schweren Kreuzer PRINZ EUGEN, wobei u. a. Schleppen und Geschlepptwerden sowie Brennstoffversorgung in See mittels Heck-Bug-Verbindung geübt werden. Dies dient der Vorbereitung für das Unternehmen "Rheinübung", welches den Ausbruch in den Atlantik vorsieht, um dort Tonnagekrieg gegen die britische Zufuhrschiffahrt zu führen. Nach der ursprünglichen Terminplanung sollte "Rheinübung" bereits im April anlaufen, doch mußte dieses Vorhaben aufgeschoben werden, weil das zweite dafür vorgesehene Schiff, die PRINZ EUGEN, am 23. April 1941 bei Fehmarn Schäden durch die Detonation einer Mine erlitten hatte, die in der Werft behoben werden mußten.
18. Mai 1941: BISMARCK (mit dem Flottenchef Admiral Günter Lütjens an Bord) und PRINZ EUGEN liegen einsatzbereit auf Gotenhafen-Reede und führen küstennahe Übungen gemeinsam mit dem Schlachtschiff TIRPITZ durch. In der Nacht gehen BISMARCK und PRINZ EUGEN ankerauf und beginnen nach Westen zu marschieren. Von Swinemünde kommend stoßen die Zerstörer FRIEDRICH ECKOLDT und Z 23, von Kiel aus der Zerstörer HANS LODY als Sicherung zu ihnen. Zum Geleit gehören außerdem die 5. Minensuchflottille und die SPERRBRECHER 13 und SPERRBRECHER 31.
20. Mai 1941: Gegen Mittag passiert der Verband den Großen Belt; die Luftwaffe sichert den Luftraum. Bis zu diesem Zeitpunkt war der Marsch der beiden Einheiten verborgen geblieben. Dann wird der Verband von zahlreichen in diesen Gewässern befindlichen Fischereifahrzeugen bemerkt und schließlich durch den die schwedischen Hoheitsgewässer sichernden Flugzeugkreuzer GOTLAND. Dieser meldet den Sichtkontakt sofort weiter. Über Schweden erhalten auch die Briten Kenntnis, doch wissen sie zu diesem Zeitpunkt noch nicht, um welche Schiffe es sich handelt.
21. Mai 1941: Am Vormittag gehen beide Einheiten nördlich von Bergen vor Anker, BISMARCK im Grimstadfjord, PRINZ EUGEN in der Kalvenesbucht. Die mittlerweile in England gestarteten Fotoaufklärer vom Muster "Spitfire" des Coastal Command finden die deutschen Schiffe relativ schnell und schießen Fotos von ihnen. Wenige Stunden später liegen ihre Ergebnisse dem Befehlshaber der britischen Heimatflotte (CinC Home Fleet), Admiral Tovey, vor. Abends verlassen BISMARCK und PRINZ EUGEN ihre Liegeplätze, nachdem sie Brennstoffe ergänzt hatten, und gehen auf Nordkurs. Die drei Begleitzerstörer werden auf Höhe von Trondheim entlassen. Währenddessen laufen die ersten britischen Gegenmaßnahmen an: Von Scapa Flow aus gehen das ganz neue, noch nicht voll einsatzbereite Schlachtschiff PRINCE OF WALES und der Schlachtkreuzer HOOD (mit Vizeadmiral Holland als Verbandschef an Bord) in See und nehmen Kurs auf Island. BISMARCK und PRINZ EUGEN dampfen mit 24 kn Fahrt unbehelligt weiter nordwärts. Die Sicht wird durch Regen und Dunst behindert (was einerseits vorteilhaft ist, andererseits aber daran hindert, Gegnern oder entgegenkommenden Schiffen rechtzeitig auszuweichen).
23. Mai 1941: BISMARCK und PRINZ EUGEN stoßen, jetzt schon in der Dänemarkstraße stehend, auf die dort patroullierenden britischen Schweren Kreuzer SUFFOLK und NORFOLK. Erstere meldet gegen Abend die Sichtung, beide Kreuzer bleiben als Fühlungshalter an dem deutschen Verband. Trotz Nebels gelingt es nicht, sie abzuschütteln; die überraschend aufkommende NORFOLK wird von der BISMARCK mit fünf Salven der Schweren Artillerie belegt. Durch das Schießen kommt es auf der BISMARCK zum Ausfall der

vorderen Funkmeßortungsgeräte (FuMO), sie können nicht schnell wieder funktionstüchtig gemacht werden. Der Flottenchef befiehlt daraufhin "Nummernwechsel", d. h. PRINZ EUGEN hat sich an die Spitze zu setzen, um mit seinem intakten Funkmeßortungsgerät nach voraus aufzuklären. Abends erschwert aufkommender Schneesturm die Sichtverhältnisse.

24. Mai 1941: Um 0552 Uhr stößt der Verband, mit PRINZ EUGEN noch immer als Spitzenschiff, auf die brititsche Kampfgruppe mit PRINCE OF WALES und HOOD. Das Wetter hat sich inzwischen beruhigt, es herrscht Nordostwind in Stärke von 3 bis 4, der Seegang ist mit Stärke 2 gering; zu dieser Zeit beträgt die Sichtweite etwa 15 Seemeilen. Um 0553 Uhr eröffnen die Briten mit ihren vorderen Türmen das Feuer. Weil sie, von achtern auflaufend, über keinen Geschwindigkeitsüberschuß verfügen, gelingt es ihnen nicht, eine vorliche, folglich taktisch günstigere Position einzunehmen. Die Entfernung beträgt 28.900 m. Das Feuer der HOOD richtet sich anfangs irrtümlich auf PRINZ EUGEN, die PRINCE OF WALES beschießt die BISMARCK. Die Aufschläge der HOOD liegen Backbord voraus; PRINZ EUGEN wird nicht getroffen. Um 0554 Uhr erzielt die PRINCE OF WALES vermutlich einen Treffer im Vorschiff der BISMARCK. Um 0555 folgt deutscherseits die Feuereröffnung; beide Einheiten vereinigen ihr Feuer auf die HOOD. Begünstigt durch kursbedingte optische Feuerleitung wird das Feuer schnell wirkungsvoll. Die erste Salve von BISMARCK liegt vor der HOOD, die zweite zwischen HOOD und PRINCE OF WALES, die dritte deckend bei HOOD und die vierte wird hinter ihr beobachtet. Die fünfte Salve trifft sie um 0601 Uhr auf 19.700 m Entfernung tödlich: In einer gewaltigen Detonation bricht sie in zwei Teile, die schnell versinken. Die dicht hinter ihr an Steuerbord herausgestaffelt marschierende PRINCE OF WALES muß dabei hart abdrehen, um den vielen Trümmern auszuweichen. Durch Schwarzqualmen und Nebeln versucht sie sich dem nun auf sie konzentrierenden deutschen Feuer zu entziehen. Um 0609 Uhr fallen die letzten Salven.

Von der HOOD können auf dem Gefechtsfeld nur drei Überlebende gefunden und gerettet werden. 95 Offiziere und 1.324 Mann haben auf ihr den Tod gefunden.

Bei dem Gefecht erhielt die BISMARCK drei Treffer: Einer führte zum Ausfall des E-Werkes 4 und zu einem Wassereinbruch, von dem der Kesselraum "Backbord 2" (in Abteilung XIII/XIV) betroffen wurde, der zweite war ein Durchschuß durch das Vorschiff oberhalb des Panzerdecks (er schlug einen Brennstoffbunker in Abteilung XX/XXI leck, so daß etwa 4.000 t Wasser eindrangen; der dritte Treffer war ohne Belang. Am schwersten wog der Treffer im Vorschiff; seine Wirkung hatte Einfluß auf den Weitergang der Operation: Er setzte die Geschwindigkeit auf 29 kn herab und ließ Heizöl austreten, das das Schiff als verräterische Spur hinter sich herzog. PRINZ EUGEN hingegen hatte das Gefecht ohne Schaden überstanden.

Bei dem Gefecht kam es zu folgendem Munitionsverbrauch: BISMARCK 93 Schuß 38 cm, PRINZ EUGEN 183 Schuß 20,3 cm.

PRINCE OF WALES war erheblich beschädigt worden; sie hatte sieben Treffer, darunter vier 38 cm, erhalten, die Brücke, Aufbauten, Flugzeugkran und unterhalb der Wasserlinie in Höhe eines E-Werkes trafen. Die drei 20,3 cm-Treffer erhielt sie in der Wasserlinie achtern und in eine 13,2 cm-Umladekammer.

Nach dem Gefecht setzte der deutsche Verband seinen Marsch mit Kurs auf den Atlantik fort, jetzt jedoch in Generalrichtung auf die französische Atlantikküste; das Ziel war St. Nazaire, wo die einzige Deckmöglichkeit zur Beseitigung der Schäden im Vorschiff der BIS-

Die BISMARCK nach dem Auslaufen am 18. Mai 1941 auf dem Marsch nach Norden.

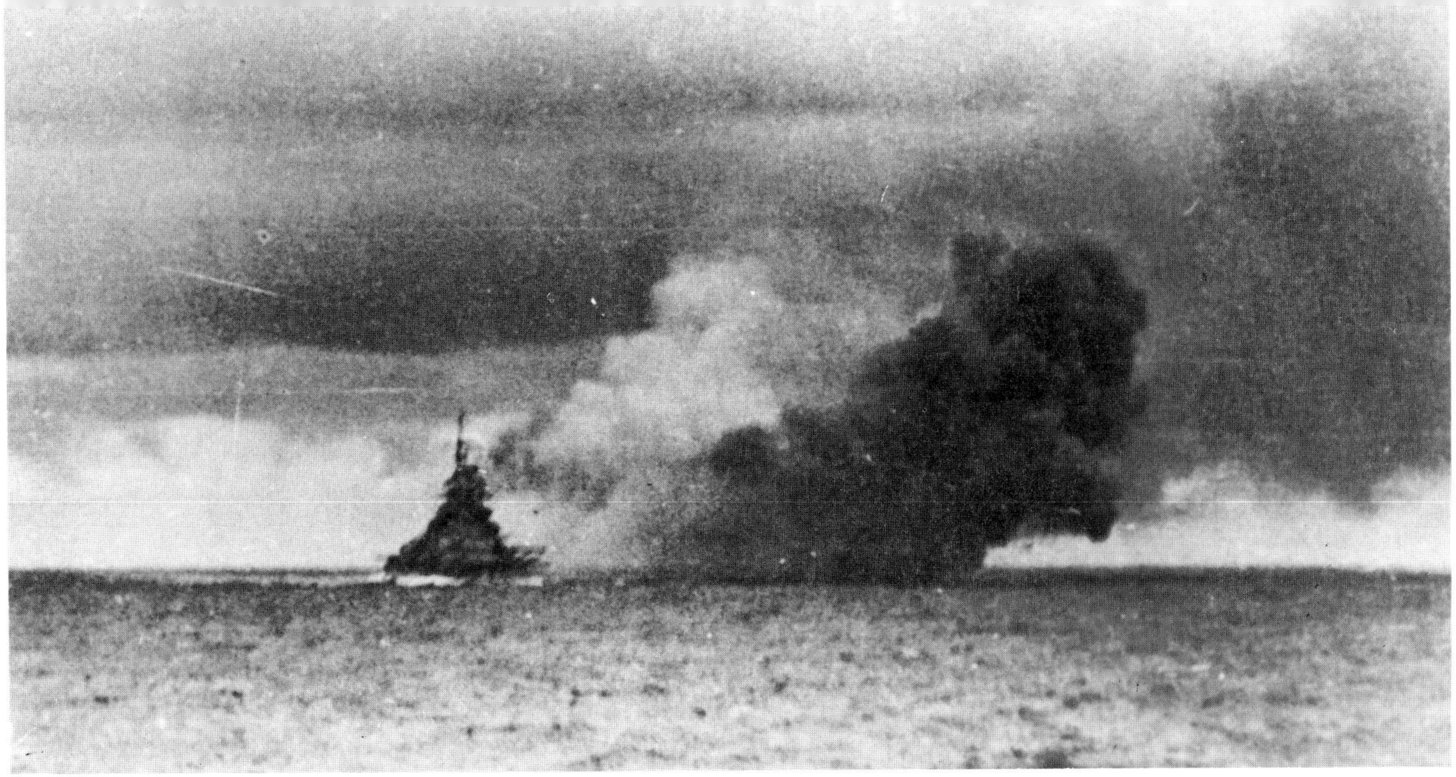

Das Gefecht in der Dänemark-Straße: Die BISMARCK kurz nach dem Abfeuern der hinteren Turmgruppe; unmittelbar danach vollführt sie eine Drehung nach Backbord. Dieses und die folgenden Bilder von dem Gefecht in der Dänemark-Straße wurden von Bord des Schweren Kreuzers PRINZ EUGEN aus geschossen.

Die Mündungsblitze der hinteren Turmgruppe heben sich klar gegen den noch dunklen Horizont ab.

Die BISMARCK beim Feuern der hinteren Turmgruppe. Nach einem erneuten Kurswechsel läuft PRINZ EUGEN nun an der Backbordseite der BISMARCK.

Um endlich die volle Breitseite zum Tragen zu bringen (bis dahin handelte es sich um ein Heckgefecht, weil der britische Verband von schräg achtern aufkam), wurde noch einmal der Kurs gewechselt, diesmal nach Backbord. Hier hat die hintere Turmgruppe noch einmal gefeuert; der dunkle Pulverrauch treibt langsam über der Wasseroberfläche von der BISMARCK weg.

Die fünfte Salve der BISMARCK wurde der HOOD zum Verhängnis. Wahrscheinlich war diese kurz zuvor schon von der PRINZ EUGEN getroffen worden, wobei an Oberdeck lagernde Bereitschaftsmunition in Brand geriet. Die beiden auf dem Bild zu erkennenden hellen Wassersäulen sind deckend liegende Einschläge von 38 cm-Granaten der BISMARCK, dicht dahinter explodiert die HOOD. Links die Rauchwolken von NORFOLK.

Eine hohe Explosionswolke steht minutenlang über der Untergangsstelle der HOOD. Links davon gerade noch erkennbar die herangestaffelte PRINCE OF WALES.

Kurswechsel nach Steuerbord. Rechts 35,6 cm-Aufschläge von der PRINCE OF WALES, auf die gerade die BISMARCK feuert.

Noch immer liegen dichte Rauchschwaden über der Untergangsstelle. Links die mit hoher Fahrt herbeieilende NORFOLK.

Nach dem Gefecht: Die BISMARCK läuft wieder im Kielwasser der PRINZ EUGEN, beide Schiffe haben ihre Fahrt stark erhöht. Kurz danach wird erneut "Nummernwechsel" durchgeführt, wobei sich die BISMARCK wieder vor die PRINZ EUGEN setzt.

Die "Achillesferse" der BISMARCK. Diese in einem Schwimmdock zustandegekommene Aufnahme zeigt ihre beiden Ruder und dahinter die Schrauben. Der verhängnisvolle Torpedotreffer traf die miteinander gekuppelten Ruder in Hartlage, so daß sie klemmten, das heißt, nicht mehr bewegt werden konnten. Dies machte ein Steuern mit den Schrauben zunichte; solches wäre möglich gewesen, wenn die Ruder in ihre Ausgangslage (oder nahe daran) zurückgebracht hätten werden können.

MARCK bestand. Zu dieser Zeit war die Wetterlage: Nordostwind in Stärke von 2 bis 3, Seegang 3, sonst klare Sicht bis etwa 15 Seemeilen, sonnig. Aus südlicher Richtung kam leichte Dünung, gegen Mittag traten Nebelbänke auf. Gegen 10.00 Uhr befiehlt der Flottenchef einen weiteren Nummernwechsel: PRINZ EUGEN setzt sich dazu hinter BISMARCK, um zu kontrollieren, wie stark die von BISMARCK hinterhergezogene Ölspur ist (diese wird auch von den britischen Kreuzern SUFFOLK und NORFOLK wahrgenommen, die in sicherem Abstand den deutschen Schiffen als Fühlungshalter folgen). Bald darauf wird ein britisches Aufklärungsflugboot erkannt, das den Verband gefunden hat und weitermeldet, aber außerhalb der Geschützreichweite bleibt. Nach erneutem Nummernwechsel – PRINZ EUGEN jetzt wieder Spitzenschiff – ändert sich gegen Mittag das Wetter: Wind und Seegang kommen auf, Regen setzt ein. Diese Lage begünstigt die Absicht des Flottenchefs, PRINZ EUGEN zur selbständigen Weiterführung der Operation zu entlassen. Um 15.40 Uhr erfolgt die Trennung: PRINZ EUGEN marschiert mit erhöhter Fahrt auf dem alten Kurs weiter, BISMARCK dreht bei gleichzeitiger Fahrtvermehrung auf 28 kn nach Westen ab. Dieser Trennungsversuch mißlingt jedoch; erst ein um 18.14 Uhr vorgenommener zweiter Versuch glückt. Davon merkt der Gegner nichts.

25. Mai 1941: Kurz nach Mitternacht greifen britische Torpedoflugzeuge an. Diese waren von dem britischen Flugzeugträger VICTORIOUS gestartet. Es gelingt ihnen, mittschiffs einen Torpedotreffer zu erzielen, doch bleibt dieser bedeutungslos. Aber dabei ist auf der BISMARCK der erste Gefallene zu beklagen. Um etwa 03.06 Uhr geht die Fühlung verloren. Es dauert danach nahezu 31 Stunden, bis sie wiederhergestellt ist.

26. Mai 1941: Um 10.30 Uhr wird die BISMARCK von einem Flugboot erneut gesichert, um 11.15 Uhr stellen Flugzeuge des Flugzeugträgers ARK ROYAL die Fühlung her. Den fühlungshaltenden Kreuzern SUFFOLK und NORFOLK schließt sich auch der Kreuzer SHEFFIELD an; ihm wird dies beinahe zum Verhängnis: Er wird von Flugzeugen der ARK ROYAL angegriffen, weil er für die BISMARCK gehalten wird; der Kreuzer bleibt jedoch unbeschädigt. Kurz vor 18.00 Uhr wird von ihm die BISMARCK gesichtet. Zu dieser Zeit laufen dem auf dem Heimmarsch befindlichen Uboot U 556 der Flugzeugträger ARK ROYAL sowie ein Schlachtschiff über den Weg, doch muß ein Angriff unterbleiben, weil alle Torpedos verschossen sind. Zwischen 21.00 und 21.25 Uhr greifen "Swordfish"-Torpedoflugzeuge des Flugzeugträgers ARK ROYAL die BISMARCK an. Schon kurz nach Angriffsbeginn wird die Ruderanlage der BISMARCK von einem der abgeworfenen Torpedos getroffen und klemmt in Lage 15° Backbord; damit ist die BISMARCK nicht mehr manövrierfähig. Die Schiffsführung muß nach Abwägen aller Möglichkeiten erkennen, daß der Schaden nicht behoben werden kann; es wird daher versucht, mit den Schrauben zu steuern und das Schiff auf Kurs zu halten. Nachfolgende Angriffe britischer Zerstörer können noch erfolgreich abgewehrt werden. Zu dieser Zeit scheint der Flottenchef den vollen Ernst der Lage erkannt zu haben und sendet mehrere entsprechende Funksprüche.

27. Mai 1941: Um 07.10 Uhr geht der letzte Funkspruch ab; mit ihm wird ein Uboot angefordert, um das Kriegstagebuch zu übernhmen. Es ist jedoch zu spät, der Endkampf steht unmittelbar bevor: Um 08.00 Uhr wird Gefechtsalarm ausgelöst, zu dieser Zeit ist die BISMARCK bereits umstellt.

Die Gegner sind die Schlachtschiffe RODNEY (Hauptbewaffnung: neun 40,6-cm-Geschütze) und KING GEORG V. (zehn 35,6 cm) und die Schweren Kreuzer NORFOLK und DORSETSHIRE (je acht 20,3 cm). Zu dieser Zeit ist die Wetterlage: Wind Nordwest 6 und 7, Seegang 4 bis 5, Sicht 10 Seemeilen. Um 08.44 Uhr eröffnen die britischen Schiffe das Feuer, das von BISMARCK sofort erwidert wird, Um 09.02 fallen auf ihr die beiden vorderen Türme aus, zehn Minuten später der vordere Kommandostand und acht Minuten danach auch der achtere Kommandostand. Um 10.00 Uhr schweigen auf ihr alle Geschütze, BISMARCK, total zerschossen, ist nur noch ein brennendes Wrack. Um 10.36 Uhr kentert es und geht in die Tiefe. Nur 115 Mann seiner Besatzung können gerettet werden.

Schwerer Kreuzer PRINZ EUGEN, Begleiter der BISMARCK bis zum 24. Mai 1941 nachmittags.

Die BISMARCK am 21. Mai 1941 im Grimstadfjord bei Bergen. Dort wurde der Tarnanstrich noch vor dem Wiederauslaufen beseitigt.

Eine der letzten Aufnahmen der BISMARCK, geschossen von PRINZ EUGEN aus.

Das britische Schlachtschiff KING GEORGE V erscheint auf dem Gefechtsfeld; über ihm fliegen zwei "Swordfish"-Torpedoflugzeuge des Flugzeugträgers ARK ROYAL.

Der Endkampf hat begonnen. Hier ist die feuernde RODNEY zu sehen. Die Position der BISMARCK zeigt das Rauch- und Flammenmeer links davon.

H.M.S. "HOOD": Der Gegenspieler der "BISMARCK"

Nachdem im Kriegsjahr 1915 in England die Inbaugabe zweier weiterer deutscher Schlachtkreuzer ("Große Kreuzer" der MACKENSEN-Klasse) bekanntgeworden war, deren Hauptkaliber größer als die bisher üblichen Kaliber 28 und 30,5 cm sein würde, entschloß sich die Admiralität zu einem Gegenzug; dieser sah den Bau eines Prototypschiffes einer neuen Klasse von Schlachtkreuzern vor. Der Konstruktionsabteilung wurde dabei aufgegeben, die Hauptbewaffnung, die Panzerung und die Maschinenanlage der zu dieser Zeit der Flotte zulaufenden Schlachtschiffe der QUEEN ELIZABETH-Klasse als Richtwerte zu nehmen und einen Schiffskörper zu konstruieren, dessen Tiefgang so klein wie möglich ist und dabei ein großes Maß an Standfestigkeit erreicht. Gefordert war ein Schiff mit hohem Freibord und großem Restauftrieb; in ihm sollten außerdem alle Erfahrungen ihren Niederschlag finden, die bisher im Krieg angefallen waren. Noch im gleichen Jahr wurde der Typentwurf fertig und der Admiralität zugeleitet. Dieser ging von 31.000 ts Konstruktionsverdrängung bei 247 m Länge und 8 m maximalem Tiefgang aus und sah eine aus acht 38,1-cm-Geschützen bestehende Bewaffnung in Zwillingstürmen vor. Die Seitenpanzerdicke war im Maximum auf 254 mm festgelegt, die Geschwindigkeit sollte bei einer Maschinenleistung von 75.000 PS bei 26,5 bis 27 kn liegen. Neuartig waren u. a. Seitenwulste, um den Unterwasserschutz zu verstärken. Dem endgültigen Entwurf stimmte die Admiralität am 7. April 1916 zu, und am gleichen Tag erhielt die Bauwerft – John Brown Co. Ltd., Shipyard & Engineering Works, Clydebank – den Bauauftrag. Dieser Entwurf hatte die Konstruktionsverdrängung auf über 36.000 ts in die Höhe getrieben, aber nicht, um die Hauptbewaffnung (diese blieb unverändert) zu verstärken, sondern um die Geschwindigkeit zu steigern. Diese Forderung war vom Flottenchef, Admiral Jellicoe, ausgegangen; deshalb war die Maschinenleistung nahezu verdoppelt worden (144.000 PS), um die Geschwindigkeit auf 32 kn zu bringen. Zur Wahrung des geforderten geringen Tiefgangs hatte der Schiffskörper um 15 m auf 262,3 m verlängert werden müssen, und dies wiederum führte in Verbindung mit dem angestiegenen Raumbedarf der doppelt so starken Antriebsanlage zu einer Ausdehnung der gepanzerten Flächen; diesen Zwängen aber war nur durch eine Verschwächung der Panzerdicken zu entsprechen. Für den Seitenpanzer war daher im Maximum nur noch eine Dicke von 203 mm übriggeblieben. Diese Konstruktionsprinzipien entsprachen der von Admiral Lord Fisher – bis Frühjahr 1915 Erster Seelord – geprägten These "Speed is the best protection!".
Schon am 31. Mai 1916 konnte der Kiel für den neuen Schlachtkreuzer gestreckt werden, dem am 14. Juli 1916 der Name HOOD zugeordnet wurde. An diesem Tage wurde die Skagerrakschlacht geschlagen, bei welcher die Engländer drei ihrer Schlachtkreuzer (INVINCIBLE, INDEFATIGABLE und QUEEN MARY) verloren. Auf diesen hatten Treffer von 28- und 30,5-cm-Granaten heftige Explosionen zur Folge, die in kürzester Frist zu ihrem Untergang führten. Hier wurde auf eine sehr eindrucksvolle Weise sichtbar, daß ihre Standfestigkeit der Wirkung schwerer Artillerietreffer nicht gewachsen war. Um näheren Aufschluß zu gewinnen, wurden mehrere Kommissionen gebildet und mit der Ursachenaufklärung beauftragt; gleichzeitig aber sind die Bauarbeiten an der HOOD eingestellt worden. Diese Kommissionen kamen zu dem Ergebnis, daß Pulverbrände auf die Munitionskammern übergegriffen hatten und die dort lagernde Munition hochgehen ließen. Es wurden daher eine Reihe baulicher Maßnahmen empfohlen, um diese Gefahren zu beseitigen bzw. zu verringern. Für die HOOD bedeutete das eine Reihe von Änderungen im Entwurf und in der Konstruktion; sie liefen fast alle darauf hinaus, die Standfestigkeit zu verbessern. Erreicht werden sollte das neben einer Anhebung der Panzerdicken durch flankierende Maßnahmen im Bereich des Brandschutzes und der Leckwehr. Das Gesamtpanzergewicht stieg dadurch von bisher 10.100 ts auf nunmehr 13.550 ts an, d. h. um ein Drittel. Dies aber hatte wiederum eine Zunahme der Konstruktionsverdrängung um 3.950 ts auf nunmehr 41.200 ts im Gefolge. Bei der Neubemessung des Panzerschutzes wurde davon ausgegangen, daß auftreffende Geschosse "verzögert" werden sollten, wenn sie der Panzer nicht abzuweisen vermag. Ihre Detonation hinter dem Außenpanzer war erwünscht, um die Sprengwirkung von den lebenswichtigen Einrichtungen im Innenschiff fernzuhalten; die Restenergiemengen sollten von einem dahinter angeordnetem System gepanzerter Längsschotte aufgefangen werden. Die besondere Eigenschaft dieser Binnenpanzerung war ihr hohes Maß an Elastizität; durch sie sollte freigewordenen Detonationsenergien ein angemessener Widerstand entgegengesetzt werden. Erste, noch tastende Versuche in diese Richtung waren bereits bei den Schlachtkreuzern der REPULSE-Klasse, den unmittelbaren Vorläufern der HOOD, gemacht worden, und bei den "Großen Leichten Kreuzern" vom Typ COURAGEOUS war man ähnlich vorgegangen. Am konsequentesten aber gingen die Konstrukteure bei dem Neuentwurf der HOOD vor. So wurde der Seitenpanzer nicht nur wesentlich dicker bemessen, sondern auch auf Teile des Vor- und Achterschiffes ausgedehnt. Verständlicherweise konnte der Seitenpanzer daher nur recht schmal ausfallen, nämlich knapp 3 m. Dabei nahm man in Kauf, daß seine Ober- bzw. Unterkante schon bei Krängungen von 5 Grad in die Schwimmlinie geraten konnte. Um ein mögliches Unterschießen zu erschweren, wurde unter ihm noch ein zusätzlicher Seitenpanzer von 19 mm Dicke angesetzt. Dazu hat man den 305-mm-Seitenpanzer noch um 12 Grad schräggestellt; diese Neigung entsprach im Mittel dem Auftreffwinkel steil anfallender Geschosse. Hierdurch sollte deren "Abgleiten" bewirkt werden. Oberhalb des schweren Seitenpanzers wurde noch ein 178 bis 127 mm dicker Zitadellpanzer angesetzt; dieser Panzerungsbereich konnte auftreffende schwere Geschosse zweifelsfrei nicht abweisen, sie aber wohl zur vorzeitigen Detonation zwingen, so daß die Sprengwirkung von der

Binnenpanzerung aufgefangen und nach Möglichkeit lokalisiert werden konnte.
Bemerkenswert war auch die Gestaltung des Unterwasserschutzes. Hauptkomponenten waren die 171,4 m langen und bis zu 3,05 m breiten Seitenwulste; diese hatte man nicht – wie zumeist üblich – an den Schiffskörper angesetzt, sondern aus Festigkeitsgründen in seine Verbände einbezogen. Jeder dieser Wulste war unterteilt in einen leer gefahrenen äußeren Abschnitt und in einen inneren "gefüllten" Abschnitt. Der leer gefahrene äußere Abschnitt sollte bei Treffern von Unterwasserwaffen als Expansionsraum für die dabei freiwerdenden Detonationsgase dienen.
Als Füllung des inneren Raumes dienten geschlossene Stahlröhren von je 250 mm Durchmesser und 127 mm Wandstärke als "crushing tubes", d. h. sie sollten die durch die Detonationsgase verursachten Druckwellen aufnehmen und waren gewollt der Zerstörung preisgegeben mit dem Effekt raschen Abbaus. Was dann noch übrigblieb, traf auf die Außenhaut, die in Fortsetzung ihrer Seitenpanzerung nach unten (und zugleich als deren Hinterlage) die Funktion eines Torpedoschotts übernahm und 38 mm dick war. Parallel dazu schloß sich weiter binnenwärts ein vom Panzerdeck bis zum Doppelboden reichendes Längsschott von 19 mm Plattendicke an; hierdurch wurde ein weiterer, also ein innerer Expansionsraum gebildet, dessen Füllung aus Heizöl bestand. Im Abstand von etwa 1 m folgte dann noch ein die Räume der Antriebsanlagen abschirmendes Begrenzungsschott aus 6 mm dickem Schiffbaustahl.
Bei der Bemessung der Hauptartillerie war man dem mit den Schlachtschiffen der QUEEN ELIZABETH-Klasse geschaffenen Standard gefolgt: Acht 38,1-cm-Geschütze in je zwei Zwillingstürmen vorn und achtern. Nur ergab sich auf Grund der Skagerrak-Erahrungen die Notwendigkeit einer größeren Geschützreichweite. Dem wurde durch Vergrößerung der Höhenrichtwinkel von 20 Grad auf nunmehr 30 Grad entsprochen. Außerdem schien ein besserer Panzerschutz dieser Türme geboten; daraus ergab sich eine Gewichtsvermehrung um 110 t pro Turm, d. h. von 750 t auf den Schlachtschiffen der QUEEN ELIZABETH-Klasse auf nunmehr 860 t.
Nach den ursprünglichen Planungen waren 12,7-cm-Geschütze als Mittelartillerie vorgeschlagen, aber diese hätten erst noch entwickelt und gebaut werden müssen. Daß man 15,2-cm-Geschütze als "klassische" Schlachtschiff-Mittelartillerie nicht in Betracht zog und statt dessen einem schwächeren Kaliber den Vorzug gab, war auf die mißlichen Erfahrungen zurückzuführen, die bei der QUEEN ELIZABETH-Klasse gemacht worden waren: Bei schlechtem Wetter drang Wasser in ihre Kasematten ein, und bei Seegang ließen sich die 15,2-cm-Geschütze nur schwer bedienen. Um eine auch bei widrigen Wetterverhältnissen einsatzbereite Mittelartillerie zu haben, mußten ihre Geschütze so hoch wie möglich aufgestellt werden, also auf dem Backdeck. Dies aber zwang aus Gewichts- und Stabilitätsgründen zu dem kleineren Kaliber. Die Admiralität verwarf jedoch die Neuentwicklung des vorgeschlagenen 12,7-cm-Geschützes und griff auf ein neu entwickeltes 14-cm-Geschütz zurück, mit dem die für Griechenland begonnenen, bei Kriegsausbruch aber beschlagnahmten und zu dieser Zeit noch in der Ausrüstung befindlichen Kreuzer der CHESTER-Klasse armiert wurden.
Dieses Geschütz kam zwar nicht an die Leistungen eines 15,2-cm-Geschützes heran, schien aber für die Torpedobootabwehr – der traditionellen Aufgabe einer Mittelartillerie – auszureichen. Zudem war es einfacher zu bedienen (das leichtere Geschoß zeigte sich beim Laden handlicher), und schließlich schoß es noch um über 4.000 m weiter als das 15,2-cm-Geschütz.
Nachteilig war hingegen der unzureichende Schutz: Eine Aufstellung in Kasematten kam für sie aus den bei der QUEEN ELIZABETH-Klasse gemachten Erfahrungen nicht in Betracht, sie konnten daher nur mit schwachen Schutzschilden versehen werden. Zwar wurde im Herbst 1917 noch die Möglichkeit untersucht, diese 14-cm-Geschütze in Türmen aufzustellen, aber dies wurde aus Gründen der damit verlorengehenden direkten Feuerleitung einerseits und des nicht erwünschten Gewichtszuwachses andererseits verworfen.
Durch alle diese Änderungen entstand ein wesentlich anderes, erheblich größeres Schiff als es ursprünglich geplant war. Was am 31. Mai 1916 auf der Helling begonnen worden war, erwies sich fast durchweg als dafür nicht mehr brauchbar und wurde abgetragen. So kam es zwei Monate später, am 1. September, zur erneuten Kiellegung der HOOD. Nicht ganz zwei Jahre danach, am 22. August 1918, erfolgt der Stapellauf; die Taufe wurde von Lady Hood, der Witwe des mit der INVINCIBLE untergegangenen Konteradmirals Hood, vorgenommen. Anfang Januar 1920 verlegte das Schiff nach Rosyth zu Versuchen und zur Vorbereitung der üblichen Erprobungen, am 5. März 1920 kehrte es zu Restarbeiten in die Bauwerft zurück. Der 29. März 1920 brachte die werftseitige Ablieferung, danach begannen die Erprobungen der Maschinen-, Ruder- und Waffenanlagen, denen am 14. Mai 1920 die marineseitige Abnahme und einen Tag später, am 15. Mai, die Indienststellung folgten. Die Gesamtbaukosten beliefen sich auf 6.025 Mio Pfund Sterling, d. h. 145 Pfund pro Tonne Schiffsgewicht. Die Royal Navy erhielt mit der HOOD ihr bis dato größtes Schiff, und jahrelang galt sie nach Tonnage und Abmessungen als das größte Kriegsschiff der Welt (erst 1927 wurde sie in den Abmessungen von den amerikanischen Flugzeugträgern der LEXINGTON-Klasse übertroffen). Zwar war die HOOD nicht auch das stärkste Schlachtschiff der Welt, gleichwohl behielt sie ihren Nimbus als "The Mighty HOOD" bis zu ihrem Untergang.
Das Jahr 1927 könnte in gewisser Weise für die HOOD schicksalsbestimmend gewesen sein: Gegenüber 1919/20, dem Zeitpunkt der Konzipierung ihres Horizontalschutzes, hatten die Entwicklung des Kriegsflugzeuges und der gezielte Bombenwurf so große Fortschritte gemacht, daß von der Marinekonstruktionsabteilung eine Verstärkung der Deckspanzerung vorgeschlagen wurde. Eine solche wäre auch im Hinblick auf die steileren Einfallwinkel schwerer Geschosse infolge Vergrößerung der Gefechtsentfernungen zweckmäßig gewesen. Der Vorschlag mußte jedoch wegen des ohnehin schon zu groß gewordenen Tiefganges verworfen werden; nur durch einen durchgreifenden Umbau des Schiffes wäre eine weitere Zunahme des Tiefganges zu vermeiden gewesen, doch war ein solcher aus Kostengründen nicht durchsetzbar. So blieb auf der HOOD insoweit alles beim alten. Aus heutiger Sicht muß sich aber die Frage stellen: Hätte die Verbesserung des horizontalen Schutzes die Katastrophe vom 24. Mai 1941 verhindern können? Zwar wurden in den 30er Jahren mannigfaltige Änderungen vorgenommen, doch diese betrafen im wesentlichen die Bewaffnung, die Feuerleitsysteme und die Nachrichtenmittel. Der Bereich der Standfestigkeit war in keinem Fall davon betroffen.
Gegen Ende der 30er Jahre zeigten sich an den inzwischen nahezu 20 Jahre alten Maschinenanlagen erste ernsthaftere Verschleißerscheinungen. Die Fähigkeit, beliebig lange mit höheren Fahrtstufen laufen zu können – eine im Kriegsfall unabdingbare Forderung – wurde dadurch eingeschränkt. Diesem Problem war nur noch schwerlich mit den üblichen Überholungs- und Instandsetzungsarbeiten beizukommen, so daß neue Kessel und eine Neubeschaufelung der Turbinen als die vorteilhafteste Lösung in Betracht gezogen werden mußten. Ende

Links: Das Heck der HOOD. Gut erkennbar sind die zur Aufnahme des Seitenpanzers ausgesparten Partien des Schiffskörpers. Diese Aufnahme erfolgte noch auf der Helling.

Rechts: Der Stapellauf der HOOD im August 1918. Ihr Ablaufgewicht betrug ca. 22.000 ts, das größte, das bis dahin zu Wasser gebracht worden war.

1938 wurde daher vorgeschlagen, im Zuge der Erneuerung der Antriebsanlage eine Modernisierung des gesamten Schiffes durchzuführen. Für diese wurde eine Dauer von drei Jahren und ein Kostenvolumen in Höhe von 4,5 Millionen Pfund Sterling veranschlagt. Begonnen werden sollte damit im März 1942. Im einzelnen hatte dieses Umbauvorhaben folgenden Umfang:

1. Einbau neuer Kessel und Haupt- und Hilfsmaschinen mit dem Ziel, bei Standardverdrängung eine Geschwindigkeit von 31,5 kn und bei Einsatzverdrängung von 30,75 kn zu erreichen.
2. Ausbau aller 14-cm-Geschütze und 10,2-cm-Flak und Ersatz durch zwölf 13,2-cm- oder 16 11,4-cm-Geschütze in geschlossenen Zwillingstürmen als Mittelartillerie und schwere Flak zugleich.
3. Einbau von 48 40-mm-Flak in Achtlingslafetten (Mk. VI "Pompom").
4. Ausbau aller Torpedorohre.
5. Installierung einer D-III-H-Querschiff-Flugzeugschleuder und zweier Hangars wie auf den modernisierten Großkampfschiffen WARSPITE und RENOWN.
6. Ausbau des gepanzerten Hauptkommandostandes und der Brückenaufbauten und Errichtung neuer, gasdrucksicherer kombinierter Brückenaufbauten wie auf den vorerwähnten umgebauten Schiffen.
7. Verbesserungen beim Unterwasserschutz einschließlich der Entfernung der aus "crushing tubes" bestehenden Wulstschutzfüllungen und Herrichtung dieser Abschnitte zur Aufnahme zusätzlichen Heizöls.
8. Ausdehnung des Backdecks nach achteraus, wahrscheinlich die Barbette des dritten Turmes einbeziehend.
9. Änderungen an den Seitenwulsten in ihrem oberen Bereich zur Stabilitätsverbesserung.
10. Verbesserung des Panzerschutzes sowohl in den vertikalen als auch in den horizontalen Abschnitten nach einem dieser Alternativvorschläge, und zwar:
   a) Ausbreitung des 305-mm-Seitenpanzerbereiches um ca. 1,8 m bis zur Höhe des Hauptdecks (und damit auf rund 4,7 m Breite anwachsend, d. h. um ein Drittel); darüber 51 mm dicke Zitadellpanzerung.
   b) Belassung der bisherigen Seitenpanzerdicken und -anordnung, jedoch Verstärkung der Horizontalpanzerung auf 127 mm über den Munitionskammern und 102 mm über den Räumen der Antriebsanlage.

Zu einer definitiven Entscheidung hierüber ist es jedoch nicht mehr gekommen. Es dürfte aber feststehen, daß die Verstärkung der Panzerung zu einer sicher nicht unwesentlichen Anhebung der Standfestigkeit geführt hätte, auch wenn jede der beiden Alternativmöglichkeiten außer ihren Stärken auch Schwächen aufzuweisen hatte.

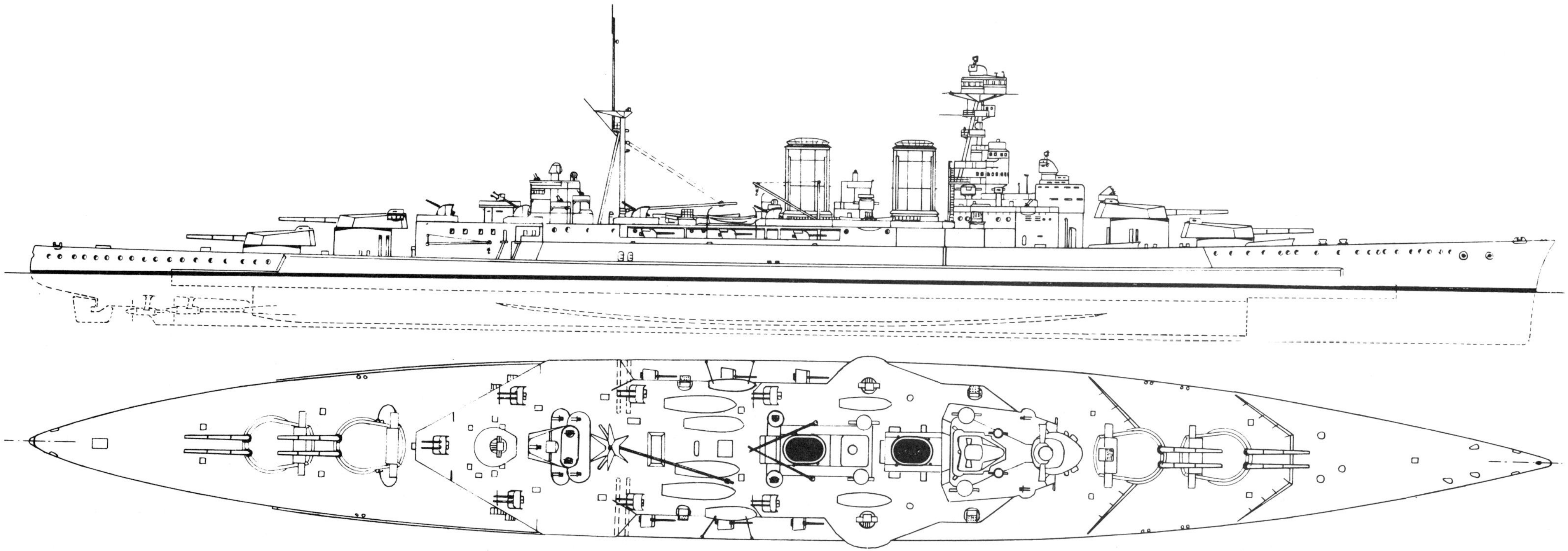

Seitenriß und obere Ansicht des Schlachtkreuzers HOOD.

Die HOOD im Jahr 1920. Auf dem nach Steuerbord geschwenkten Turm "B" ist die damals übliche Bühne mit einem bereitstehenden Flugzeug zu sehen, das von dieser kurzen Piste starten konnte.

Insgesamt wurde nicht mit einer wesentlichen Verdrängungszunahme gerechnet; das mit 4.000 ts veranschlagte Abbaugewicht (darunter der allein mehr als 600 ts schwere vordere Kommandostand) sollte sich mit den Einbaugewichten (ca. 4.000 ts, davon 2.000 ts zusätzlicher Panzer) etwa die Waage halten. In jedem Fall wäre die HOOD nach Durchführung dieses Umbaus wenigstens in den ersten Jahren des Zweiten Weltkrieges den damals herrschenden Bedingungen des Seekrieges wahrscheinlich gewachsen gewesen.
Der Verwirklichung dieses Totalumbaus kam jedoch der Ausbruch des Krieges zuvor. Wie wenig man bis dahin vorangekommen war, wird durch die Tatsache erhellt, daß es nicht mehr zur Ausarbeitung von Umbauentwürfen gekommen ist.

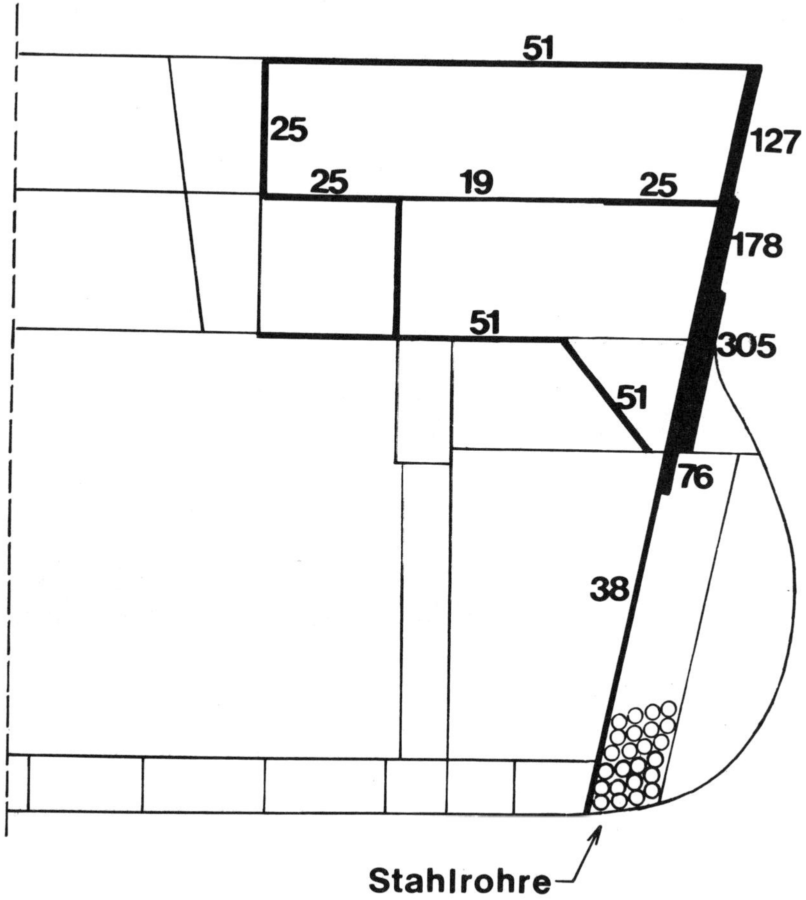

Schematischer Schnitt durch die Hauptspantebene der HOOD mit den Panzerdicken (diese sind in Millimetern angegeben).

So etwa hätte die HOOD nach ihrem Totalumbau aussehen können. Diese Zeichnung stammt aus einer britischen Quelle, doch dürfte sie nicht authentisch sein, da es nicht mehr zur Ausarbeitung von definitiven Umbauentwürfen gekommen ist.

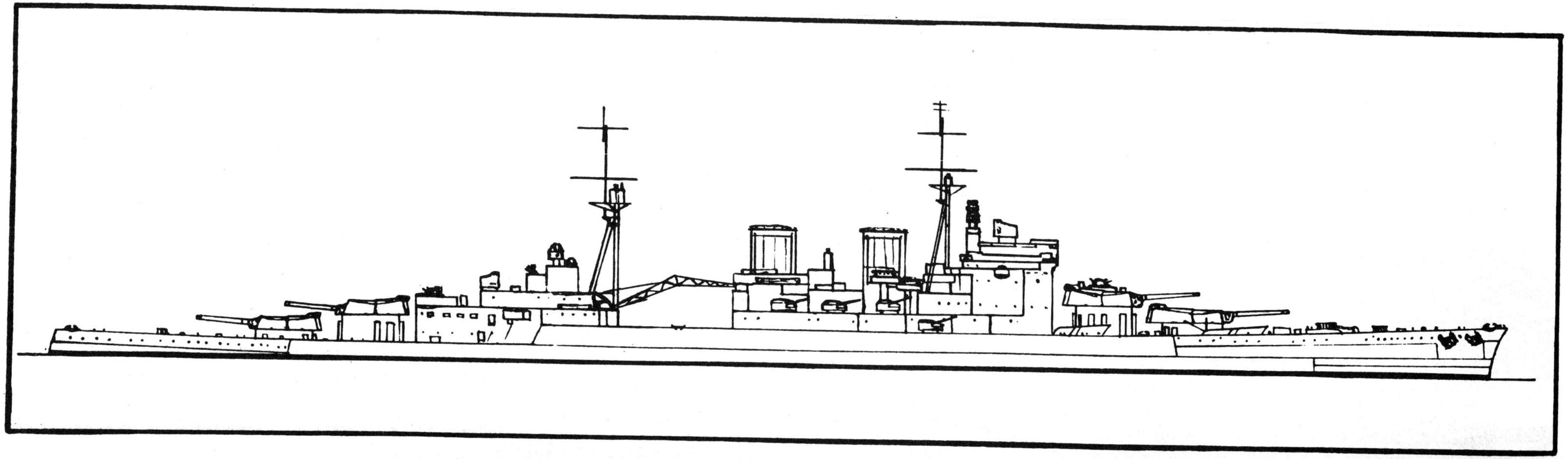

HOOD als Flaggschiff der Battlecruiser Squadron der Atlantikflotte.

Eine frühe Aufnahme der HOOD, hier bei Atlantikerprobungen.

VERGLEICH DER "HOOD" MIT DER "BISMARCK"

Bei einem Vergleich zwischen diesen beiden Schlachtschiffen ergeben sich folgende Unterschiede, Fakten und Schlußfolgerungen (die Zahlen und Daten beziehen sich auf den letztbekannten Ausrüstungszustand, d. h. für beide Schiffe auf etwa Anfang 1941):

Alter der Schiffe

	HOOD	BISMARCK
Beginn der ersten Entwurfsarbeiten	Ende 1915	Anfang 1934
Kiellegung	1. 9. 1916	1. 7. 1936
Indienststellung	15. 5. 1920	24. 8. 1940

Diese Daten lassen jeden weiteren Kommentar entbehrlich werden außer diesem: Im Mai 1941 hatte die HOOD eine Dienstzeit von genau 21 Jahren hinter sich, während es bei der BISMARCK erst neun Monate waren. Die Konstruktion der HOOD entsprach dem Technologiestand von etwa 1918/19, der von BISMARCK etwa von 1936/37.

Größe und Abmessungen

Nach Wasserverdrängung und Abmessungen waren beide Schiffe nicht weit voneinander entfernt:

		HOOD	BISMARCK
Leerverdrängung	ts	42.462	41.902
Standardverdrängung	ts	42.600	42.958
Konstruktionsverdrängung	ts	46.680	48.009
Einsatzverdrängung	ts	48.360	50.585
Länge über alles	m	262,48	250,00
Länge auf KWL	m	259,43	241,55
Breite maximal	m	31,77	36,00
Breite auf KWL	m	32,15	36,00
Tiefgang maximal im Mittel	m	10,47	9,99
Seitenhöhe	m	14,58	15,00

Blick auf die vordere Turmgruppe der HOOD; über dieser der Hauptkommandostand mit der großen E-Meßdrehhaube. Diese Aufnahme stammt von 1940.

Zu berücksichtigen ist dabei, daß die Verdrängung der HOOD während ihrer Dienstzeit durch neu eingebaute Gewichte erheblich zugenommen hatte, was sich auf den Tiefgang und letztlich auf die Stabilität auswirken mußte. Bei 41.125 ts Leerverdrängung im Februar 1920 betrug der mittlere Tiefgang nur ca. 8,70 m, zuletzt lag er bei mehr als 10 m. Das bedeutete, daß bei voller Beladung die Oberkante des schweren Seitenpanzers fast in der Schwimmlinie lag. Dies schwächte nicht nur den Seitenschutz, sondern übertrug sich auch auf die zur Erhaltung der Seefähigkeit wünschenswerten großen Freibordhöhen. Bei voller Verdrängung betrugen diese:

Freibordhöhe	**vorn**	**mittschiffs**	**achtern**
HOOD	7,15 m	5,17 m	4,46 m
BISMARCK	8,15 m	5,20 m	6,40 m

Damit schnitt die BISMARCK ebenfalls besser ab, besonders mit der vorderen Freibordhöhe. Ausgesprochen ungünstig war auf HOOD die geringe Freibordhöhe im Achterschiff; sie war um nahezu 2 m kleiner als auf der BISMARCK. Dies führte bei stürmischer See und auch schon bei höheren Fahrtstufen dazu, daß das Achterschiff überflutet wurde, was sich wiederum auf die Entfaltung der vollen Geschwindigkeit hemmend auswirken mußte.

Stabilität

Die Stabilität von HOOD und BISMARCK war von den folgenden Werten gekennzeichnet:

Verdrängungsart	**Metazentrische Höhe (MG)**	**Krängungswinkel**	**Kenterpunkt**
HOOD			
Leerverdrängung (ca. 41.000 ts)	0,98 m	36°	64°
Konstruktionsverdrängung (ca. 42.670 ts)	0,99 m	36°	60°
Einsatzverdrängung (ca. 46.680 ts)	1,28 m	37°	73°
BISMARCK			
Leerverdrängung (ca. 40.560 ts)	3,60 m	35°	53°
Konstruktionsverdrängung (ca. 46.500 ts)	4,00 m	33°	59°
Einsatzverdrängung (ca. 52.360 ts)	4,40 m	31°	65°

Auf der HOOD wirkte sich die kleine metazentrische Höhe vorteilhaft auf das Verhalten als Seeschiff und als Geschützplattform aus, obwohl die ursprünglich erhobene Forderung nach einem hohen Freibord und großem Restauftrieb bereits verlorengegangen war, als sie in Dienst gestellt wurde.
Ungeachtet der viel größeren metazentrischen Höhe zeigte sich auch die BISMARCK als vorzügliches Seeschiff von hoher Kursbeständigkeit; ihre Stampf- und Schlingerbewegungen waren auch bei Seegang nur flach. Auf Ruderlegen sprach sie sofort an und krängte nur mäßig.

Panzerung und Unterwasserschutz

Die nachfolgenden Zahlen und Daten geben Aufschluß über die Panzerung und Schutzeinrichtungen der HOOD im Vergleich zur BISMARCK.

Vorderer Dreibeinmast und Schornsteine in den frühen 30er Jahren.

		HOOD	BISMARCK
1. Seitenschutz			
Schwerer Seitenpanzer, Dicke	mm	305	320
Neigung gegen die Senkrechte	Grad	12	0
Ausdehnungslänge	m	171,4	171,4
Ausdehnungsbreite	m	2,89	4,87
Vorschiff, Dicke	mm	152–27	60
Achterschiff, Dicke	mm	152	80
Zitadellpanzer, Dicke	mm	178–127	145
Panzerquerschotte, Anzahl		2	2
Panzerquerschotte, Dicke	mm	127–102	145–220
2. Horizontalschutz			
Oberdeck, Dicke	mm	51	50
Hauptpanzerdeck (Ebene), Dicke	mm	51	80–120
2. Panzerdeck (Ebene), Dicke	mm	51–76	–
Böschungen des Hauptpanzerdecks	mm	51	110
3. Unterwasserschutz			
Torpedoschotte, Dicke	mm	38	45
Torpedowulste		ja	nein
Torpedoschutzbreite	m	3,60	5,30
4. Schwere Artillerie			
Barbetten, Dicke	mm	350–102	340–220
Türme, Stirnseite	mm	380	360
Türme, Seiten	mm	279–305	150–220
Türme, Decke	mm	127	150–180
Türme, Rückfront	mm	279	320

		HOOD	BISMARCK
5. Mittelartillerie			
Barbetten	mm	–	100
Türme, Stirnseite	mm	–	100
Türme, Seiten	mm	–	40
Türme, Decke	mm	–	20–35
Türme, Rückfront	mm	–	40
6. Vorderer Kommandostand (Maximaldicken)			
Senkrechte Partien	mm	305	350
Decke	mm	127	220
Boden	mm	51	60
Verbindungsschacht	mm	76	220
7. Achterer Kommandostand (Maximaldicken)			
Senkrechte Partien	mm	38	150
Decke	mm	76	30
Boden	mm	51	30
Verbindungsschacht	mm	19	50

Das Gesamt-Panzergewicht (ohne Drehpanzer der schweren Türme) belief sich auf HOOD auf 13.800 t, während es auf der BISMARCK 17.569 t waren, also über 25 v. H. mehr.

Die HOOD im Clyde, aufgenommen in den 30er Jahren.

Blick auf das Mittelschiff. Die ungeschützte Aufstellung der Mittelartillerie wird besonders augenfällig. Dieses Bild ist am 9. Januar 1920 aufgenommen worden, wenige Wochen vor der Indienststellung. Hier liegt die HOOD noch im Ausrüstungsbecken der Bauwerft.

Beim Vergleich wird augenfällig, daß bei HOOD die Horizontalpanzerung einer ihrer wesentlichsten Schwachpunkte war. Auf britischer Seite ist frühzeitig erkannt worden, daß sie schon nicht den zum Zeitpunkt ihrer Fertigstellung geltenden Bedingungen entsprach. An Vorschlägen, wie dieser Schwäche abgeholfen oder sie wenigstens reduziert werden kann, hat es – wie an anderer Stelle dargelegt – durchaus nicht gefehlt.
Obwohl in bezug auf den Untergang irrelevant gewesen, ist auf der HOOD aber auch die zu geringe Torpedoschutzbreite zu beanstanden. Diese betrug – gemessen von der Außenhaut bis zum Torpedoschott – nur 3,60 m. Ein Mehr konnte es infolge der auf die Geschwindigkeitsleistung "zugeschnittenen" Schiffsbreite (das Verhältnis von Länge und Breite (L/B) betrug auf ihr 8,06) nicht geben. Die BISMARCK – bei der das L/B-Verhältnis 6,71 betrug – hatte hingegen alle Voraussetzungen für einen wirkungsvollen Torpedo- bzw. Unterwasserschutz.

Antriebsanlage

Die auf der HOOD eingebaute Antriebsanlage war die leistungsstärkste, die bis dahin auf einem britischen Schiff installiert worden war. Ihr großes Einbauvolumen war mitbestimmend für die Größe des Schiffes. Schon vor Kriegsbeginn hatten Verschleißerscheinungen zu einem deutlichen Leistungsabfall geführt, der stetig zunahm. Zuletzt scheint die HOOD die 30 kn-Marke nicht mehr erreicht zu haben. Nach den von britischer Seite stammenden Gefechtsberichten ist sie am 24. Mai 1941 nur noch auf 28 kn Geschwindigkeit gekommen – falls kein Versuch unternommen worden war, sie zu steigern. Damit zeigte sie sich der BISMARCK unterlegen, die über eine fabrikneue und wesentlich modernere Antriebsanlage verfügte. Zwar war – wie auf allen damit ausgerüsteten deutschen Schiffsklassen dieser Aera – der Hochdruckheißdampf-Antrieb infolge seiner allzu stürmischen Entwicklung noch problembehaftet und störanfällig, doch arbeitete die Anlage auf der BISMARCK – es sind bisher keine Gegenstimmen laut geworden – offenbar zufriedenstellend. Es hat den Anschein, als sei es bis dahin gelungen, die damit verbundenen Schwierigkeiten abzubauen bzw. zu beherrschen.

		HOOD	BISMARCK
Hauptmaschinen			
Anzahl der Turbinensätze		4	3
Anzahl der Turbinenräume		3	3
Turbinen-Fabrikat		Brown Curtis	Blohm & Voß
Konstruktionsleistung	WPS	48.000	46.000
Übertragung		Einfache Übersetzung	Rädergetriebe
Wellenzahl		4	3
Gesamt-Konstruktionsleistung	WPS	144.000	138.000
Kessel			
Anzahl der Kessel		24	12
Anzahl der Kesselräume		4	6
Kesselfabrikat und -System		Yarrow 3-Trommel, engrohrig	Wagner Hochdruckheißdampf-Wasserrohr-Kessel, natürlicher Umlauf
Gesamtheizfläche	m^2	16.254,30	380+120 (je Kessel)
Betriebsdruck	atü	16,5	55
Hilfsmaschinen			
Dieselgeneratoren, Anzahl/Leistung		2/175 kW	4/500 kW + 1/550 kVA
Turbogeneratoren, Anzahl/Leistung		6/175 kW	5/690 kW + 1/460 kW
Spannung	Volt	220	220
Fahrleistungen			
Konstruktionsleistung			
Antriebsleistung	WPS	144.000	138.000
Wellendrehzahl	U/min	200	250
Geschwindigkeit	kn	31,0	29,0
Probefahrtleistung			
Antriebsleistung	WPS	151.280	150.170
Wellendrehzahl	U/min	207	265
Geschwindigkeit	kn	32,1	30,1

Brennstoffvorrat und Fahrbereich

HOOD vermochte zuletzt maximal 4.615 ts Heizöl an Bord zu nehmen, womit sie bei einer Marschgeschwindigkeit von 14 kn eine Strecke von 8.500 sm zurücklegen konnte. Auf der BISMARCK reichten die Heizölvorräte von maximal 8.167 t für 9.280 sm bei 16 kn Marschfahrt.

Der vordere Dreibeinmast der HOOD, darunter zwei 14 cm-Geschütze der Mittelartillerie.

Blick auf die Brückenaufbauten mit dem vorderen Dreibeinmast und die unter diesem angeordnete Admiralsbrücke.

Bewaffnung

Die Hauptartillerie war auf beiden Schiffen nach der Stückzahl der Geschütze und dem Kaliber gleich. Hingegen fehlte es der HOOD seit 1940 an einer Mittelartillerie: Von den einstmals eingebauten zwölf 14-cm-Geschützen waren 1938 zunächst zwei und 1940 die übrigen ausgebaut worden. Diese Maßnahmen dienten in beiden Fällen der Verstärkung der Flakbewaffnung, insbesondere der Vermehrung der 10,2-cm-Flak, die in Seeziel/Luftziel-Doppellafetten aufgestellt wurden.

Die folgende Übersicht zeigt die Zusammensetzung der Bewaffnung im Vergleich zur Bewaffnung der BISMARCK.

	HOOD	**BISMARCK**
Schwere Artillerie	8 – 38,1 cm L/42 Mk 1 (4 x 2)	8 – 38 cm L/52 C/34 (4 x 2)
Mittelartillerie	–	12 – 15 cm L/55 C/28 (6 x 2)
Schwere Flak	14 – 10,2 cm L/45 Mk XVI (7 x 2)	16 – 10,5 cm L/65 C/33 (8 x 2)
Leichte Flak	24 – 4 cm L/40 Mk VIII ("Pom-Pom") (3 x 8)	16 – 3,7 cm L/83 C/30 (8 x 2)
FlaMaschinenwaffen	16 – 12,7 mm L/52 Mk III (4 x 4)	20 – 2 cm L/65 (12 x 1 und 2 x 4)
Fallschirm-Drahtraketenwerfer	100 U.P.-Launchers (5 x 20)	–
Torpedowaffe	Die ursprünglich vorhandenen TR sind Anfang 1941 ausgebaut worden	–
Bordfluganlage	–	4 Flugzeuge, 2 Schleudern

Bei einem Vergleich der einzelnen Rohrwaffen ergeben sich folgende Fakten und Daten:

		38,1 cm (britisch)	**38 cm (deutsch)**
Einführungsjahr		1915	1940
Rohrgewicht einschl. Verschluß	kg	99.964	110.700
Rohrlänge	mm	16.002	19.630
Geschoß-Anfangsgeschwindigkeit	(V_o)m/sec	750	820
Schußweite bei 30° Erhöhung	m	27.517	35.550
Gewicht der Panzersprenggranate	kg	879	800
Kadenz Schuß/Rohr/	min	2	2
Gewicht einer Breitseite	kg	6.960	6.000

		10,2 cm (britisch)	**10,5 cm (deutsch)**
Einführungsjahr		1936	1937
Rohrgewicht einschl. Verschluß	kg	2.054	4.560
Rohrlänge	mm	4.572	6.840
Geschoß-Anfangsgeschwindigkeit	(V_o)m/sec	807	900
Schußweite max.	m	18.150	17.700
Schußhöhe max.	m	11.890	12.500
Geschoßgewicht	kg	15,88	15,10
Kadenz Schuß/Rohr/	min	10-12	13–15

		4 cm (brit.)	**12,7 mm (brit.)**	**3,7 cm (deutsch)**	**2 cm (deutsch)**
Einführungsjahr		1930	1932	1930	1930/38
Rohrgewicht	kg	103	25,4	243	64–57,5
Rohrlänge	mm	2936	790	3.074	1.300
Gesch.-Anf.-Geschw.	(V_o)m/sec	732	768	1.000	835
Schußweite max.	m	6.220	730	8.500	4.900
Schußhöhe max.	m	3.960		6.800	3.700
Geschoßgewicht	kg	0,907	0,037	0,742	0,134
Kadenz Schuß/Rohr	min	90	600	80	280

Munitionsvorräte

	HOOD	BISMARCK
38,1 / 38 cm	800	840 – 960
15 cm	–	1.800
10,5 cm	–	6.270
10,2 cm	3.500	–
4 cm	17.280	–
3,7 cm	–	32.000
2 cm	–	32.000
12,7 mm	40.000	–

Diese Übersichten lassen deutlich werden:

1. Die damals schon mehr als 20 Jahre alten britischen 38,1-cm-Geschütze hatten eine wesentlich geringere Schußweite als die fast fabrikneuen deutschen 38 cm; die dafür auf britischer Seite vorhandenen Panzersprenggranaten hatten ein höheres Gewicht (und damit wahrscheinlich eine größere Sprengladung) als die deutschen, also mehr Zerstörungsenergie. Die Kadenz war auf beiden Seiten gleich, und im Hinblick auf den Munitionsvorrat je Schiff lag der Vorteil auf deutscher Seite.
2. Auf der HOOD gab es keine Mittelartillerie. Die für deren Aufgaben mitbestimmten 10,2-cm-Flak waren als Mittelartillerie wenig überzeugend. Auf beiden Seiten kam jedoch am 24. Mai 1941 die Mittelartillerie nicht zum Tragen.
3. Die Schweren Flak waren vom Kaliber her auf beiden Schiffen etwa gleich, aber sie war nach der Stückzahl auf der HOOD schwächer. Die ballistischen Leistungen und die Kadenz lag in der Nähe der deutschen 10,5-cm. Der Munitionsvorrat war auf HOOD deutlich geringer als auf der BISMARCK. Die Schwere Flak spielte beim Endkampf der HOOD ebenso wie die leichten FlaWaffen keine Rolle.

Es ist überflüssig zu erwähnen, daß die BISMARCK trotz Hauptkaliber-Gleichheit artilleristisch der HOOD deutlich überlegen war.

Feuerleitmittel und Radar

Die (optisch arbeitenden) Feuerleitgeräte der HOOD entsprachen einem technisch bereits weit überholten Entwicklungsstand. Moderne Fla-Feuerleitanlagen waren erst 1938/39 eingebaut worden. 1941 kam für die Feuerleitung der Schweren Artillerie ein Radarsystem Type 184 hinzu. Demgegenüber verfügte die BISMARCK über wesentlich modernere, erst in den späten 30er Jahren einsatzbereit gewordene optische Geräte. Auch Funkmeßortungsgeräte waren vorhanden. Zwei von diesen fielen jedoch bereits bei den ersten Salven aus und ließen sich nicht mehr betriebsbereit machen. Den deutschen Funkmeßortungsgeräten erwiesen sich die britischen Radarsysteme als technisch überlegen und insgesamt leistungsfähiger.

Die HOOD genau von vorn gesehen, eine Aufnahme von Mitte der 30er Jahre.

Zusammenfassung

Auf Grund der schockierenden Verluste während der Skagerrakschlacht war für die neu zu bauenden Schlachtkreuzer nach Wegen gesucht worden, die es vermeiden sollten, daß sich an ihnen das folgenschwere Geschehen auf ihren Vorgängern INVINCIBLE, INDEFATIGABLE und QUEEN MARY wiederholt. Zwar haben sich die britischen Konstrukteure bei HOOD sehr viel Mühe gegeben, um sie gegen die Wirkungen derart verheerender Treffer immun zu machen. Ihr Aufwand war jedoch vergebens: HOOD teilte – fast auf den Tag genau 25 Jahre nach der Skagerrakschlacht – das Schicksal ihrer unglücklichen Vorgänger.

Das Mittelschiff der HOOD ca. 1934. Klar erkennbar sind hier die Öffnungen im Schiffskörper für je zwei fest eingebaute, nach querab gerichtete Torpedorohre; bei der hinteren Rohrgruppe fehlen noch die Verschlußklappen.

Kurz-Lebenslauf von H.M.S. HOOD

1. September 1916:	Kiellegung
22. August 1918:	Stapellauf
15. Mai 1920:	Indienststellung
15. Mai 1920 – November 1923:	Flaggschiff des Schlachtkreuzer-Geschwaders der Atlantikflotte
27. November 1923 – 29. September 1924:	Flaggschiff eines zu einer Weltreise gebildeten Sonderverbandes
Januar 1925 – Januar 1928:	Flaggschiff des Schlachtkreuzer-Geschwaders der Atlantikflotte
Januar 1928 – Mai 1929:	Schlachtkreuzergeschwader der Atlantikflotte
17. Mai 1929 – 12. Mai 1931:	Grundüberholung in Portsmouth
12. Mai 1931 – September 1936:	Flaggschiff des Schlachtkreuzergeschwaders der Heimatflotte
8. September 1936 – Januar 1939:	Flaggschiff der Mittelmeerflotte
Februar – August 1939:	Überholung in Portsmouth
13. August 1939 – März 1940:	Flaggschiff des Schlachtkreuzergeschwaders der Heimatflotte
März – Mai 1940:	Überholung in Devonport
Juni – August 1940:	Flaggschiff der "Force H" in Gibraltar
August 1940 – Mai 1941:	Flaggschiff des Schlachtkreuzergeschwaders der Heimatflotte
24. Mai 1941:	Bei Gefecht mit BISMARCK gesunken

Die HOOD etwa 1934 vor der charakteristischen Kulisse des schottischen Hochlands.

HOOD etwa 1934.

HOOD von der Bugspitze aus gesehen. Auf dem überhöhten 38,1 cm-Turm ist deutlich ein "U.P.launcher" auszumachen. Das Bild wurde 1940 aufgenommen.

Der backbordvordere 4 cm-"Pom-pom"-FlaWaffenstand. Das Bild ist vermutlich 1939 geschossen worden.

Der achtere Schornstein. Hier erhält er einen neuen Farbanstrich.

Eines der beiden Mk 3-Fla-Feuerleitgeräte in Aktion. Ihre Positionen hatten diese Geräte zu beiden Seiten des vorderen Dreibeinmastes.

Das Mittelschiff der HOOD im Oktober 1940 nach dem Ausbau aller 14 cm-Geschütze. Am Bildrand rechts eine 10,2 cm-Doppelflak, weiter links ein unter einer Persenning verborgener "U.P.launcher".

Eine der letzten Aufnahmen der HOOD. Entstanden ist diese im März 1941 in Scapa Flow. Im Hintergrund links die REPULSE, zwischen ihr und der HOOD liegt vermutlich die RENOWN.

Die gegen die deutsche Kampfgruppe angesetzten britischen Seestreitkräfte

Die britische Admiralität setzte gegen die deutsche BISMARCK/PRINZ EUGEN-Gruppe zahlreiche Schiffseinheiten ein. Wenn von diesen auch nur die wenigsten in unmittelbare Gefechtsberührung gekommen sind, so läßt ihre Anzahl und Zusammensetzung doch eine Überlegenheit erkennen, der letztlich die deutschen Schiffe nicht gewachsen sein konnten. Die nachfolgende Übersicht nennt die beteiligten Einheiten und ihre Ausgangsposition zum Zeitpunkt ihres operativen Ansatzes gegen die Deutschen.

1.0: Home Fleet

1.1: Am 24. Mai 1941 in See stehend:
Schlachtschiff RODNEY mit Zerstörern TARTAR, SOMALI, MASHONA und ESKIMO (auf dem Marsch vom Clyde nach Halifax/Canada), Schwere Kreuzer NORFOLK und SUFFOLK (als Bewachung in der Dänemark-Straße).
Leichte Kreuzer ARETHUSA und EDINBURGH,
Leichte Kreuzer MANCHESTER und BIRMINGHAM (als Bewachung in der Faröer-Island-Enge),
Uboote MINERVE (Freifranzösische Streitkräfte), SEALION, SEAWOLF und STURGEON.

1.2: Von Scapa Flow aus:
Schlachtkreuzer HOOD,
Schlachtschiffe PRINCE OF WALES und KING GEORGE V.,
Flugzeugträger VICTORIOUS,
Leichte Kreuzer GALATEA, AURORA, KENYA und NEPTUNE,
Zerstörer INGLEFIELD, ACTIVE, ANTELOPE, ACHATES, ANTHONY, ELECTRA, ECHO, PUNJABI, INTREPID, ICARUS und NESTOR.

1.3: Vom Clyde aus:
Schlachtkreuzer REPULSE,
Uboot TIGRIS.

1.4: Von Londonderry aus:
Zerstörer JUPITER

1.5: Von Rothesay aus:
Uboot H 44.

2.0: Western Approaches Command

2.1: Von Scapa Flow aus:
Leichter Kreuzer HERMIONE,
Zerstörer LANCE.

2.2: Vom Clyde aus:
Zerstörer LEGION, SAGUENAY und ASSINIBOINE (als Sicherung für Schlachtkreuzer REPULSE).

2.3: Von Londonderry aus:
Zerstörer COLUMBIA.

3.0: Plymouth Command

3.1: Vom Clyde aus:
Zerstörer COSSACK, SIKH, ZULU, MAORI, dazu PIORUN (polnisch) als Sicherung für Convoy WS.8 B.

4.0: Nore Command

4.1: Von Scapa Flow aus:
Zerstörer WINDSOR.

5.0: Force H

5.1: Von Gibraltar aus:
Schlachtkreuzer RENOWN,
Flugzeugträger ARK ROYAL,
Leichter Kreuzer SHEFFIELD,
Zerstörer FURY, FAULKNOR, FORESIGHT, FORESTER, FOXHOUND und HESPERUS.

6.0: America and West Indies Command

6.1: In See:
Schlachtschiff RAMILLIES.

6.2.: Von Halifax/Canada aus:
Schlachtschiff REVENGE.

7.0: South Atlantic Command

7.1: In See:
Schwerer Kreuzer DORSETSHIRE.

8.0: Vom Mittelmeer auf Fahrt nach England:
Uboot PANDORA.